「ただいま」も言えない
「おかえり」も言えない

まえがき

特定失踪者家族会会長　今井英輝（今井裕の兄）

私たち特定失踪者の家族が平成二十九（二〇一七）年五月十二日に家族会（正式名称「北朝鮮による拉致の可能性を排除できない失踪者家族有志の会」・以下略称「特定失踪者家族会」）を結成してから三年になります。

特定失踪者家族会は平成三十（二〇一八）年一月、結成の主たる目的であった国際刑事裁判所（ＩＣＣ）への申立を行いましたが、残念ながらＩＣＣ設立以前の問題は取り扱わないという同裁判所の原則により、審理を行っていただくことはできませんでした。今も被害が続いている人権侵害であり、そのような判断がなされたことは残念でしたが、国内外へのアピールはできたものと考えています。

特定失踪者家族会へのご家族の期待は大きく、令和二年一月末の時点で六十八家族（失踪者数七十四人）が加入して下さっています。昨年（令和元年）五月二十四日には都内で拉致被害者救出のデモと集会を行いました。ビラなどの作成や各種イベントでの役員、会員の訴えなどを積極的に行っています。平成三十（二〇一八）年十二月の政府主催国際シンポジウムでは大澤昭一会長（当時）が認定家族と並んで壇上に上がってスピーチし「特定失踪者」を国内外に広く認知させる事ができました。翌令和元（二〇一九）年の同じシンポジウムでは私が会長として登壇しています。

私たちは日本政府に対して一刻も早く北朝鮮との交渉を進めていただき、救出の時期を少しでも早く、一人でも多くの日本人の生存者を救出して下さるよう請願してまいりました。総理や歴代担当大臣も認定された拉致被害者だけではなく、特定失踪者を含む全ての拉致被害者の救出に全力を注ぐと明らかにしており、政府が拉致問題で特定失踪者を置き去りにできない状態になっています。

とは言え政府も北朝鮮との交渉にいまだに一歩の進展が見られない状況にあるというのが現実です。本書は特定失踪者問題調査会の協力のもと、このような現実があると国民の皆様に少しでも知っていただくことを目的として作ったものです。ぜひ「ただいま」と言えない人たちが北朝鮮におり、「おかえり」と言えない家族が日本でその帰りを待っていることを知っていただきたく思います。

令和二年二月

本書の刊行にあたって

特定失踪者家族会顧問・前会長　大澤昭一（大澤孝司の兄）

平成十九年に毎日ワンズ社の協力で『消えた277人』を発行していただきました。拉致被害者の仲間の失踪状況、家族の思いを、二七七人に成り代わって書いていただき、被害者家族のバイブルでした。

私も数年来、何時でも読める居間におき、日夜関係する名前が挙がる度に見ていました。読めば大勢の仲間の名前に、顔に、失踪状況、家族の思いを知ることができ、少しでも特定失踪者の実情を知りたいと読みました。また本に見出しを貼るとか、書き込みをしている間に汚れも傷みも目立つようになってきました。

私達の本も十年以上たったし、もう一回作成して意気込みを示そうと発行することになりました。失踪状況についてはその後解った情報も含む最新状況で、家族からは新しく思いを書いていただきました。皆さん一向に進展しない現状に苛立ちながら精一杯叫んでいただきました。

拉致被害者の中には政府になかなか理解いただけない特定失踪者が多数おり、その家族は毎日、朝な夕なに肉親との再会を願い続けています。

その特定失踪者家族の思いや叫びをまとめて、この本ができました。平穏なこの日本の中に四十年、五十年と家族に会っていない人たちが大勢いるなんて考えられますか。ぜひ本書をお読みくださって、ご理解くださるようお願いします。

昨年米朝首脳会談が三回開催されました。結果は不成功でしたが、その際トランプ大統領が日朝会談を提示され、安倍総理も金正恩委員長と向き合って交渉すると言っています。ぜひ会談が一日もはやく実現し、被害者家族の皆さんの帰国が実現し、その際特定失踪者家族の帰国も一緒に実現できるよう願っています。

生存している日本人全員を故郷日本に連れ戻してください。

本書をお読み戴く前に

特定失踪者問題調査会

●「特定失踪者」とは

「特定失踪者」というのは正確には「北朝鮮による拉致の可能性を排除できない失踪者」を指す言葉です。これは平成十五（二〇〇三）年一月に特定失踪者問題調査会設立のときに定めた言葉で、政府・警察は使っていませんが警察のリストも含め一般的には特定失踪者と言われています。本書で写真の掲載されている失踪者は①特定失踪者の中で特定失踪者問題調査会（以下・調査会）のリストにある方のうち公開されている方、②政府認定拉致被害者、③救う会認定拉致被害者、です。

●「警察発表」とは

「警察発表」と書かれていて写真のない失踪者は調査会のリストにないか非公開で警察が「拉致の可能性を排除できない失踪者」として公開している方々です（警察のホームページには写真がありますが、転載は禁止されています）。中には調査会リストで非公開、警察リストで公開になっている人もいますが、その区別は記載していません。

●ここに掲載されていない拉致被害者

本書にお名前のない方でも拉致されている人はいます。例えば調査会のリストでも非公開の方が約二百人おられます。また調査会にも警察にも届出をされていないご家族が相当数いると言われています。さらに在日朝鮮人拉致被害者の場合、親族訪問などで北朝鮮に行って帰れなくなったケースが多く、この場合は警察にも特定失踪者問題調査会にもご家族が問合せをしていないケースが少なくありません。北朝鮮にいるということが分かっているためその時点で「人質」となり、また日本国籍でないために日本政府の保護を受けられないという懸念があるため家族が声を上げない場合が少なくないからです。

●日本国内で所在が確認されるケース

特定失踪者はあくまで「拉致の可能性を排除できない失踪者」ですから、調査・捜査の過程で拉致でなかったことが分かるケースもあります。これまで調査会のリストに上がった特定失踪者の中では約一割にあたる五十人余りの方が日本国内で所在確認（死亡も含め）されています。

したがって本書に掲載されている失踪者の中でも後日拉致でなかったと明らかになる人もいると思います。全ての方々が間違いなく拉致であるとは思わないで下さい。しかし少なくとも現時点でここに掲載されている人が「ただいま」と言えず、ご家族が「おかえり」と言えないことだけは事実です。ですから私たちはどのような理由があるにせよ日本国内で失踪者がご家族と再会されることが一番望ましいと思っています。

なお、日本国内で所在が確認されたケースでも、北朝鮮に行って戻って来ていることも考えられます。特定失踪者問題調査会ではその点も含めて調査を行っています。

●拉致濃厚

「拉致濃厚」とされているのは特定失踪者問題調査会の調査の過程で様々な情報から判断して拉致の可能性が高いと思われたケースです。

●救う会認定

「救う会認定」というのは通称ですが、調査会設立以前から救う会の段階で拉致の可能性が高いと認識されていた寺越昭二さん・寺越外雄さん・寺越武志さん・小住健蔵さん・福留貴美子さんと調査会設立直後に救う会で認められた加藤久美子さんと古川了子さんがこれにあたります。調査会設立のときには「調査会で調査し、その情報をもとに拉致の可能性が高いと認められれば救う会で拉致被害者として扱う」というやり方にしていました。これにともなって救う会で認定したのが加藤さんと古川さんだったのですが、その後特定失踪者リストの急増にともないこのやり方では間に合わなくなったため、以後は調査会として「拉致濃厚」を発表することにし、追加の救う会認定は行われていません。

目次

伊原照治／花田昭博／

昭和六十年～平成…………………………206

下地才喜／今津淳子／谷ケ崎清一／伊藤克／紺屋淑子／木本佳紀／林かな子／秋田美輪／亀谷博昭／佐藤正行／高橋勝彦／沈靜玉／西安義行／古川龍／尾上民公乃／根本直美／岡元幸弘／東修治／佐々木正和／西村京子／種子雅也／江原信明／林田幸男／水居明／矢倉富康／和田幸二／石坂孝／崎山実／日高満男／松岡伸矢／坂本秀興／加藤悦子／矢島克己／山下貢／河田君江／清水桂子／大政由美／佐々木悦子／小野寺将人／森本規容子／橘邦彦／福山ちあき／保泉泰子／松橋恵美子／武山京子／笹垣範男／田中正道／小川雅樹／仲桝忠吉／富川久子／加藤義美／植村留美／福本勝利／小宮山広明／曽ヶ端崇史／松永正樹／岩本美代子／武内卓／田中浩史／安西正博／金田祐司／田辺真理子／佐藤　剛生／加藤小百合／渡辺栄一／菊地寛史／中村三奈子／林雅俊／渋谷浩邦／辻出紀子／松井綾子／楠本勤／酒井勇夫／浜崎真嗣／坂川千明／佐藤順子／松村哲史／後藤美香／澤辺和也／賀上大助／稲田裕次郎／宮本直樹／永島康浩／和田佑介／角田麻衣／沖田徳喜／水嶋弥寿志／高見到

昭和二十年〜昭和三十年代

【昭和二十（一九四五）年】

日本の敗戦・朝鮮半島の解放・分断・在日本朝鮮人聯盟（朝聯・朝鮮総聯の前身）結成

【昭和二十三（一九四八）年】

平本　和丸（ひらもと　かずまる）

昭和三年（一九二八）年一月二日生れ。失踪当時二十歳。身長一六五〜七センチ。戦前は予科練（海軍飛行予科練習生）に入り、高知で終戦を迎えた。終戦後九州大洋漁業のトロール船に乗り、昭和二十三年頃本社勤めになった。戦前は家族で朝鮮の咸鏡南道咸興に居住、昭和二十一年五月に

南に脱出、その後日本に引き揚げ。

昭和二十三（一九四八）年七月二十日以降、当時広島県安芸郡音戸町に居住していた弟・平本敏昭を訪ね、七〜十日間逗留。その後大分県中津市の朝鮮在住時代の友人宅に行き何日か逗

留したあとに失踪。勤務していた会社にも連絡なし。母親の墓が北朝鮮にあり、遺骨を持ち帰るために北朝鮮に行ったのではないかという説もある。
昭和五十年～六十年に、予科練の同期と名乗る人から名指しで住所、所在を尋ねる電話が一度だけあり、「所在不明なので何か知っているなら教えて欲しい」と話すと名前も言わずに電話を切った。

八月十五日　大韓民国政府樹立
九月九日　朝鮮民主主義人民共和国政府樹立

【昭和二十五（一九五〇）年】

六月二十五日　北朝鮮人民軍の南侵により朝鮮戦争勃発

平本　敏昭（ひらもと　としあき）
昭和四（一九二九）年六月十九日生れ。失踪当時二十一歳。身長一八〇センチ。体重六五キロ位。八重歯。足のひざに手術痕。喫煙。酒は少量。朝鮮からの引揚者。咸鏡南道咸興に居住、昭和二十一年五月に南に脱出、

その後日本に引き揚げた。

当時広島県音戸町（現呉市）に間借り。県内の小学校教諭をしていた。昭和二十五（一九五〇）年夏休みで広島から帰省し、八月十六日には長女を連れて盆踊りに参加した。翌朝十時頃学校へ行くと言って実家を出かけたが、行方がわからなくなった。家族は九月七〜八日頃、学校からの電話で出勤していないことを知り、急いで広島に行ったが手がかりはなかった。間借り先もそのまま。しばらくして大分県中津市の知人宅に九月二十一日頃まで逗留していたと判明。兄・和丸を探して行ったとのこと。

九月九日　第一次朝鮮スパイ事件（北朝鮮工作員許吉松を検挙）

【昭和二十七（一九五二）年】

渡邊　晃佐（わたなべ　こうすけ）

昭和七（一九三二）年一月十八日生れ。失踪当時二十歳。身長一六三センチ。体重五六キロ。大学生。趣味はダンス、登山。

昭和二十七（一九五二）年十月二十七日、京都市右京区の下宿先を出て行方不明となった。

【昭和二十八（一九五三）年】

三月十三日　警察発表　寺内正夫（出張で訪れていた福岡の会社寮から失踪）

七月二十七日　朝鮮戦争休戦

九月　第二次朝鮮スパイ事件（工作員金一谷を検挙）

徳永　陽一郎（とくなが　よういちろう）

昭和十（一九三五）年一月十四日生れ。失踪当時十八歳。右肩に子供の頃鎌で切った痕がある。当時長崎市内の染料店で配達の仕事をしていた。

昭和二十八（一九五三）年、別の勤め口の話があり、その履歴書を書いている途中で突然いなくなった。履歴書に貼る写真を撮影はしたものの、本人は受け取っていない（この頃履歴書には写真は貼付しなかった）。十月七日、門司から送られて来た書留は、家族から借りていた一五〇〇円を返してきたもので「いい仕事があった」「歩いてでも帰ってきます」と書かれていた。

平成十（一九九八）～十一（一九九九）年、北朝鮮の国内で目撃されたとの匿名の脱北者の目撃情報がある。その脱北者は「酔っ払って『拉致されてきた。日本に亡命する』と言ったのを密告され、収容所に入れられた。取り調べの書類に『一九五四～五五年、日本から朝鮮に来た』と記されていた。また身体検査の時、右肩に刃物による傷痕があったことを記憶している」と証言している。

◎拉致濃厚

【昭和二十九（一九五四）年】

昭和二十九年頃　警察発表　永山智（東京都内の自宅を出て行方不明・当時二十歳）

昭和二十九年頃　警察発表　山本琴美（大阪市に居住。家族に「山形の友人の家に遊びに行ってくる」と手紙を送った後行方不明）

小西　能幸（こにし　よしゆき）

昭和八（一九三三）年九月二十一日生れ。失踪当時二十歳。身長一六五センチ。色白、優しい。読書好き。外へも遊びに出かけたりしなかった。当時は石川県輪島市にある家の旅館を手伝っていた。

昭和二十九（一九五四）年四月二十二日、げた履きで着の身着のまま、何一つ荷物も持たずふらっと自宅を出かけた。母と目を合わせたが一言も話さずに行ったので、近所にでも出かけたのではないかと思った。近所の人の話では、国鉄（当時）七尾線輪島駅から午前七時半頃の金沢行きに乗り、三つ目の穴水町で下車したとのこと。自宅を出る前日の夜、小銭を数える音を女中が聞いている。身障者の兄が働かなくても生活できるようにしようと思っていたらしい。本人はチャンスがあれば家を出ようと思っていたようだ。

荒井　セツ（あらい　せつ）

昭和十一（一九三六）年一月十二日生れ。失踪当時十八歳。身長一五六～八センチ。宇都宮の知人の紹介で東京に行き、最初は墨田区、次は台東区に居住した。住み込みの事務員、店員として働いていた。

昭和二十九（一九五四）年の冬に入った頃の夕方、小豆色のカーディガンで下駄かサンダルを履いて台東区の居住地を外出したまま戻らず。身の周りのものは持ち出さずそのまま。まじめで読書好き。宇都宮の実家にも本を届けるように葉書が届いていた。

【昭和三十（一九五五）年】

戸島　金芳（としま　かねよし）

昭和十（一九三五）年十二月二十五日生れ。失踪当時十九歳。身長一七二〜三センチ。まじめで努力家。手先が器用で、中学、高校のときにはモーターなどを自作して家族を驚かせていた。成績は優秀だったが学費が払えず高校を中退した。

昭和三十（一九五五）年一月十四日、「東京に住む弟に会いに行く」と言って徳島県美馬町（現美馬市）の家を出た。母は小遣いを持たせたが、翌日実家に全額送り返された。その後何の手がかりもなく、弟の家にも行っていない。残されていた写真の裏に赤ペンで「さようなら彼の山、彼の川、そして彼の家」と書いてあった。当時十二歳だった妹は、戸島さんが家を出る何か月か前、夜になると自室から朝鮮語のラジオの音が聞こえてきたのを聞いており、二、三か月前から一人でよく悩んでいた様子を覚えている。年に何度か山口県に松脂を取りに行っていたが「松林から海岸がみえる」とも言っていた。母方の叔母には「僕はいつかこの家を出るから母のことを頼む」と言っていた。

樹下　秋男（きのした　あきお）

昭和十一（一九三六）年十月八日生れ。失踪当時十八歳。身長一六四～一六五センチ位。人当たりがよく、陽気な性格。友人らから好意を寄せられる八方美人型。

昭和三十（一九五五）年四月七日、店員として住み込みで働く京都市下京区の製麺所に「実家に行ってくる」との書き置きを残して行方不明となる。失踪一～二日前に京都市伏見の実家を訪ねている。

五月二十五日　朝鮮総聯（在日本朝鮮人総聯合会）結成

六月二十六日　第三次朝鮮スパイ事件（工作員韓載徳を検挙）

中野　政二（なかの　まさじ）

昭和七（一九三二）年九月十八日生れ。失踪当時二十三歳。漁船員。

昭和三十（一九五五）年九月二十四日、中野さんら十二名が乗り込んだ第一二玉栄丸は、僚船第一一玉栄丸とともに佐賀県伊万里港を出港。午前四時三〇分ごろ、済州島の南約三〇マイル近くの海域で行方不明となった（当時の海況は風速八メートルぐらいの状態であった）。その後僚船の第一一玉栄丸が捜索に行ったが浮流物も何も見当らず、船は行方不明となる。第一二玉栄丸は一年半前に同様の場所で韓国に拿捕され、一年十日間拘束されて戻ってきていた。その半年後の事件。

羽生　弘行（はぶ　ひろゆき）

大正六（一九一七）年十一月五日生れ。失踪当時三十七歳。身長一六五センチ。血液型A型。色黒。左目の視力なし。痩せ型。喫煙、酒は少々。

昭和三十（一九五五）年十月二十三日、漁師（半農半漁）を営んでいた羽生さんは、所有する「なには丸」に親戚や島外の人など六名を乗せ、自宅近くの屋久島の栗生川河口から口永良部島に向かうが戻らず。不明者のうち二人は高知から椎の実を買い付けに訪れ、羽生さんに依頼して口永良部島に渡ろうとしていた。のちに二人とともに高知から訪れた人物が確認したところ、口永良部島に入港していないことが判明。

【昭和三十一（一九五六）年】

一月二十一日　警察発表　兼頭壽子（「旭川市内に居住する友人宅に遊びに行く」と言って美唄市の自宅を出たまま行方不明・当時二十三歳）

三月　警察発表　上野希久（東京都品川区内の下宿先から出かけたまま行方不明・当時十九歳）

斉藤　四郎（さいとう　しろう）

昭和十三（一九三八）年十一月二十三日生れ。失踪当時十七歳。身長一六〇センチ。昭和二十九（一九五四）年春から北海道札幌市で板金見習として住込みで働いていた。

昭和三十一（一九五六）年三月十八日朝、板金組合で冬季講習があったので、会社の人と一緒に出かけたが、講習会には出席しておらず会社にも帰って来なかった。会社の同僚の話では前夜に布団をかぶって泣いていたという。警察にも家出人として届け、新聞のたずね人の広告も出した。

八月　北朝鮮で「八月宗派事件」。ソ連派・延安派が金日成に反旗を翻すも失敗。

十二月　北朝鮮で千里馬運動開始

【昭和三十二（一九五七）年】

くなった。

斉藤　宰（さいとう　おさむ）

昭和十一（一九三六）年五月六日生れ。喫煙。東京都港区に在住し、発電工事会社に勤め、経理を担当していた。

昭和三十二（一九五七）年、「北海道で国籍を買い受け、海外へ行く」などと書かれた手紙が山梨県の実家に送られてきて以降、行方がわからなくなった。

四月頃　警察発表　冨永幸男（大阪市内の下宿先から行方不明・当時二十歳）

六月　弘昇丸事件（工作員崔竜雲を検挙）

六月三十日　警察発表　細川昇（「会社に行く」と言って石川県七尾市の自宅を出た後行方不明・当時二十二歳）

八月頃　警察発表　久保満也（同居の家族が朝から夕方まで畑仕事に出かけた間に和歌山県高野口町の自宅から行方不明・当時二十四歳）

八月頃　警察発表　岡村咲子（住み込みで働いていた岩国市内の勤務先の店主に「映画を見に行ってくる」と言って外出した後行方不明・当時二十一歳）

十月　姜乃坤（青山京一）、石川県の港に密入国

十二月　新光丸事件（京都府伊根港から脱出直前）

【昭和三十三（一九五六）年】

五月　警察発表　松永秀子（北海道・当時二十一歳）

中村　健一（なかむら　けんいち）または**武康**（たけやす）

昭和十二（一九三七）年八月二十四日生れ。失踪当時二十歳。身長一七五センチ。細身で肩幅が広い。胸部が薄く、みぞおちにかけて窪んでいる。盲腸の手術痕あり。靴は小さい方。きれい好きで机の上をいつもきちんと整理していた。技術職として長崎県長崎市内の青写真工業所に勤務。

昭和三十三（一九五八）年五月二十八日午前八時頃、下宿先に「福岡に就職のことで行ってくる」と言って出かけたまま行方不明となる。

七月　警察発表　佐藤隆二（北海道札幌市の下宿先から外出した後行方不明・当時二十歳）

十月　第四次北朝鮮スパイ事件　工作員姜乃坤検挙
十二月　警察発表　村山茂（「ちょっと里（新潟）に帰ってくる」と言って、東京都内の勤め先を出た後、行方不明・当時二十四歳）

【昭和三十四（一九五九）年】

昭和三十四年頃　警察発表　猪股健吉（東京都練馬区の住み込み先から行方不明・当時十九歳）
一月　警察発表　戸内スミ子（福岡県大牟田市の自宅を出たまま行方不明・当時十九歳）
三月　警察発表　前　弘光（東京都内の自宅を出たまま行方不明・当時二十五歳）

安達　恵美子（あだち　えみこ）

昭和十一（一九三六）年一月十日生れ。失踪当時二十三歳。身長一五〇センチ。体重四〇キロ位。血液型B型。戦前、朝鮮の興南で出生、終戦まで大連で生活。昭和二十二（一九四七）年一月に引き揚げ。島根県平田町の叔母宅で暮らし、昭和三十年頃京都に行く。

昭和三十四（一九五九）年五月四日、准看護婦として勤務先だった京都市北区の病院の慰安旅行に参加する予定だったが、当日になって急に「行かない」と言い出す。同僚の看護婦によると、神戸の方に行くようなことを言っていたという。外出の衣服で荷物はボストンバック一個程度。四日午後二時に居住していた看護婦寮を外出した記録がある。普段着など身の周りのものは残っていた。

七月一日　警察発表　高橋弘行（北海道で自衛隊を除隊した後行方不明・当時二十二歳）
七月三十一日　滝事件（工作員趙昌国を検挙）
八月十三日　日朝赤十字間で「在日朝鮮人帰還協定」を締結
十二月十四日　北朝鮮帰還事業第一次船　新潟出港

【昭和三十五（一九六〇）年】

藤田　慎（ふじた　しん）

昭和六（一九三一）年九月五日生れ。失踪当時二十九歳。身長一六五センチ、体重六五〜七〇キロ位。柔道をやっていてがっしりした体格。川の魚とり（もぐり）が好きだった。昭和五十一（一九七六）年に埼玉県川口市から失踪した藤田進さんの叔父で、長兄（進さんの父）と顔が似ている。

東京都大田区蒲田に居住。工場に勤めていた。昭和三十五（一九六〇）年、長兄に旅行に行くと新品の靴を借り、次兄夫婦に「結婚したい人がいる」と相談、弟にお金を借りに来る。その後音信不通。失踪から数年後に年賀状が埼玉県川口市の兄夫婦宅に届く。字体は達筆だったが差出人の名前がなかった。消印は世田谷。

◎拉致濃厚

木村　かほる（きむら　かおる）

昭和十三（一九三八）年八月二十七日生れ。失踪当時二十一歳。身長一五二センチ。血液型B型。中肉中背。色白でいつも微笑みをたたえ優しい感じ。知的で物静か。戸籍上は「かをる」だが、日常は「かほる」としていた。日赤秋田高等看護学校三年生。

卒業式を十日後に控えていた昭和三十五（一九六〇）年二月二十七日午後五時半ごろ、「ちょっと出掛けてくる」と同室の友人数名に言って寮を出て行ったまま戻らず。看護学生の教則『看護必携』を抱えていたという。

「金正日の料理人」こと藤本健二氏をはじめ複数の北朝鮮での目撃証言がある。金賢姫（一九八七年の大韓航空機爆破事件の実行犯で元北朝鮮工作員）が自著で記している平壌外国語大学で学んだときの日本語教師の女性が木村かほるさんに該当する可能性がある。平成十四（二〇〇二）年十二月、脱北者の女性が「親友の両親が拉致された日本人だった」と証言し、年齢、拉致された時期から木村さんではないかと思われる。また北朝鮮にいたことのある四名のタイ人女性から別々に聞き取りを行ったところ、「日本語を習っていた女性日本人教師」として、多くの特定失踪者の中から「最も似ている」として木村かほるさんを挙げている。

木村かほるさんの姉、天内みどりさんの歌集「いもうと」より

秋田日赤看護学校三年生昭和三十五年妹は消ゆ
帰り来ぬ妹待ちて父母は玄関の錠鎖しことなし
「たづね人」のビラ貼りめぐる父の背に積もる白雪消ゆることなし
みちのくは言ふに及ばず上野駅新宿駅にてビラ配りゐし
ひとことの理由も告げず帰り来ぬ妹いづこ五十九年
脱北者の証言持ちて記者が来ぬ重たき雪に髪を濡らして
妹よ蝶ともなりて還り来よ万景峰に翅をやすめて
妹よ寒くはないか平壌に零下二十度の冬は来向ふ
「お姉ちゃん」と呼ぶ声のして目覚めたり昨日も今日もそしてあしたも

四月十九日　韓国で不正選挙への抗議デモに警官隊が発砲。国民の反発が高まりその後李承晩大統領辞任、ハワイに亡命。

田村　正伸（たむら　まさのぶ）
昭和十一（一九三六）年八月二十七日生れ。失踪当時二十三歳。身長一七〇センチ。体重六〇キロ。酒は少々。真面目で正義感が強い。元自衛官。横浜市の会社に勤務していたが、昭和三十五（一九六〇）年、千葉県館

山市にある大手水産会社に転職するため、館山のおじの家に宿泊し、会社の面接を受けに行った。その帰りにおじの家に戻らず、消息不明となった。横浜市の下宿の身の周りのものは何もなくなっておらず、何の手がかりもつかめなかった。自衛隊時代はかなりきつい肉体訓練を受けていたと本人が言っていた。

六月頃　警察発表　豊田清（長崎県長崎市内から行方不明）

山下（飯塚）平（やました（いいづか）たいら）

昭和十（一九三五）年五月十八日生れ。失踪当時二十五歳。身長一六五センチくらい。痩せ型。東京都江戸川区にあるネックレスの留金などをつくる金属加工会社で住み込みで勤務していた。

昭和三十五（一九六〇）年六月十九日午前十時頃、「習志野市の谷津バラ園に行ってくる」と言い残し、東京都江戸川区の居住地から外出したまま行方不明となる。昭和三十四（一九五九）年に養子となり「飯塚」姓となるが、失踪後復籍し「山下」姓に戻る。

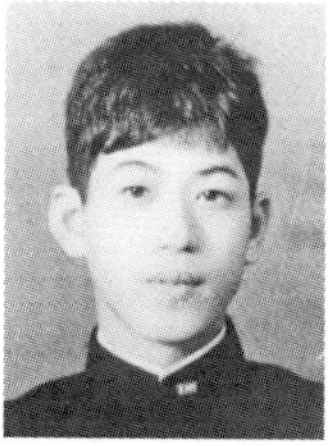

巽　敏一（たつみ　としかず）

昭和十八（一九四三）年八月十五日生れ。失踪当時十六歳。身長一七〇センチ位。がっちりした体格。柔和な感じ、スポーツはしていなかったが、野球観戦が好きだった。工業高校（機械科）生徒で大阪市内に在住していた。

昭和三十五（一九六〇）年七月三日（日曜日）の昼頃、梅田で行われる高校の映画鑑賞会に行くために大阪市内の自宅を出たと思われたが、映画館には姿を見せなかった。京橋へ出るのに京阪電車で行くかバスで行くか迷っていたので、姉はバスを勧めた。当時学生服姿で財布くらいしか持っていなかった。

九月　浜坂事件　金俊英（川上崇弘）兵庫県浜坂港で逮捕

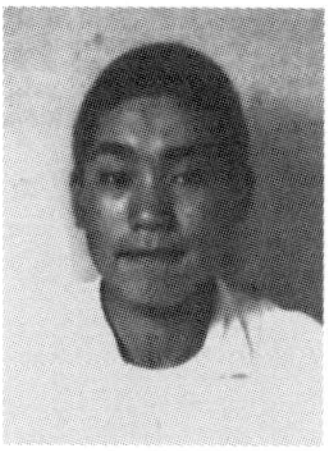

宮澤　康男（みやざわ　やすお）

昭和十七（一九四二）年十月二十日生れ。失踪当時十九歳。身長一六八センチ。体重五七キロ。趣味は地図を見ることと切手収集。機械に興味。高校ではバレーボール部に所属。新潟県出身。

昭和三十五（一九六〇）年九月二十一日に失踪。当時は東京都内の製パン会社の寮に住み込みでパン製造の手伝いをしつつ、定時制高校普通科に在学していた。友人も人事係も、特に変わった様子は見当たらなかったという。
未確認だが、「北朝鮮で似た人を見た」という目撃情報が複数ある。
◎拉致濃厚

九月二十一日　浜坂事件（工作員金俊英を逮捕）

尾崎　隆生（おざき　たかお）
昭和八（一九三三）年四月二十三日生れ。失踪当時二十七歳。身長一六九センチ。体重六〇キロ。左手の指が事故で曲がらない。手先が器用。神戸市のネクタイ製造会社に勤務し経理を担当していた。
昭和三十五（一九六〇）年十一月三日、カメラを持って「遊びに行く」と言って神戸市の自宅を出かけたまま戻らず。翌日会社から連絡があった。

十一月　警察発表　乗松眞喜子（和歌山県串本町潮岬で目撃された後行方不明・当時二十三歳）

【昭和三十六（一九六一）年】

四月　警察発表　内藤稔（新潟県新潟市内の飲食店を出た後行方不明・当時二十二歳）
四月　警察発表　高田隆巧（大阪府堺市の自宅を出た後行方不明・当時十九歳）
五月十六日　韓国でクーデター（朴正煕政権誕生）
七月　警察発表　阿部貞子（愛知県内の勤め先から行方不明・当時二十四歳）

野崎　幸夫（のざき　ゆきお）

昭和九（一九三四）年十月十六日生れ。失踪当時二十六歳。身長一六八センチ。自動車整備技術あり。失踪年の四月から北海道下川町消防本部に勤務していた。

昭和三十六（一九六一）年七月一日、消防本部で正午のサイレンを吹鳴したあと行方不明。妻から「昼食で自宅に戻らない」との連絡が消防本部に入った。消防関係者、町職員、町内会の協力の下におよそ三日間捜索した。またどこかで自殺でもしたのかと身内などで山林、河川、鉄道など広範囲に捜すも、何の姿かたちも見せず。

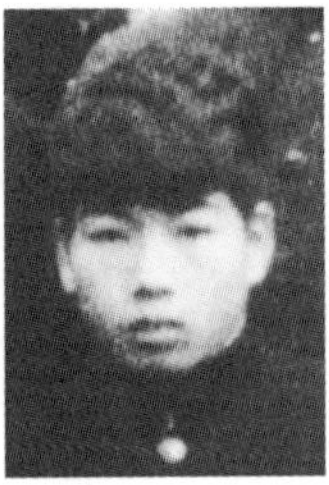

高木　茂久（たかぎ　しげひさ）

昭和十五（一九四〇）年三月三日生れ。失踪当時二十一歳。身長一七〇センチ。体重六〇キロ。似顔絵など絵を描くのが得意。煙草は吸う。野球が好き。ゴルフを始めた頃。大阪府内に在住。大学三年生。

友人の女性とよく福井県小浜の海水浴場に行っていた。昭和三十六（一九六一）年八月十日、その彼女と遊びに行くと言って、特に大金や所持品も持たず大阪の自宅を父親所有の車で出かけたが、女性とともに行方がわからなくなった。車も発見されていない。

正木　冽子（まさき　れつこ）

昭和十七（一九四二）年十二月二十三日生れ。失踪当時十八歳。身長一五七センチ。丸ぽちゃ。当時香川県内で看護婦として耳鼻科に勤務していた。大内町（現東かがわ市）に居住。

昭和三十六（一九六一）年九月、家族に「大阪にいい仕事が見つかった」と言い残して自宅を出て失踪。二十四日、眉山公園でタクシー運転手が目撃したのが最後。前日夜に香川県引田町（現東かがわ市）のバーで友人が目撃している。

「中国国内で似た女性を見た」とする未確認の目撃情報がある。

齋藤　正治（さいとう　しょうじ）

昭和十四（一九三九）年七月十日生れ。失踪当時二十二歳。内向的な性格。県立高校の定時制に在学する一方、アルバイトで運輸省（当時）湾口技術研究所に勤めていた。

昭和三十六（一九六一）年十月一日、高等学校の同級生三〜四名が、弟が住み込みで勤める横須賀市内のガソリンスタンドに訪れ、「正治さんが学校に来ない。下宿に行っても生活しているそのままの状態だった」と伝えた。あとで警察には家出人届を出したが見つからなかった。中学校卒業後すぐ三年ほどパン屋に勤めていたが、退職後は母の妹の家（横須賀市安浦町）に住所を移し、さらに逗子市に転居していたことがわかった。家庭の都合で兄弟はそれぞれ別に住んで働いていて普段連絡は取り合っていなかった。

秋頃　警察発表　榊原千代子（兄と東京駅で別れた後行方不明・当時十八歳）

九月七日　警察発表　冨名腰英恒（市川市の下宿先を出て行方不明・当時二十歳）

高松　康晴（たかまつ　やすはる）

昭和十六（一九四一）年三月二十三日生れ。失踪当時二十歳。身長一六五センチ。どちらかと言えば快活な方。趣味は尺八。高校では化学を勉強した。

昭和三十六（一九六一）年就職が決まり、東京の本社で辞令をもらって鎌倉の寮に入った。翌日十一月一日夕刻、他の同僚二人と材木座海岸の浜辺へ散歩に出て三人で話をしているうち、高松さんひとりそこを離れて行った。その後、寮にも戻らず。昭和三十六年十二月発刊の『週刊読売』で、同時期にすぐ近くで失踪した若い学生（非公開）とともに記事になっている。記事には同じ年の初め、夜九時ごろに漁船ほどの船が出現し、船から海に飛び込んだ人物が上陸した姿が目撃されたことが掲載された。次の岩佐寅雄さんのひと月あまり前、同じ地域で失踪している。

岩佐　寅雄（いわさ　とらお）

大正十五（一九二六）年十二月八日生れ。失踪当時三十五歳。身長一七〇センチ。体重七〇キロ。血液型A型。少し前かがみで歩く癖があった。スポーツが趣味。陸上短距離の国体に二度出ている。お酒は少々。

昭和三十六（一九六一）年十二月二十日、住み込みで働いていた神奈川県鎌倉市材木座の魚屋の人に黙っていなくなった。その後、横須賀のいとこが四方八方探し回ったが消息はつかめず。前述の高松康晴さんのひと月あまり後、同じ地域で失踪している。

十二月二十六日　警察発表　中屋基（家族に「明日札幌に行く」と言って北海道芦別市の自宅を出た後行方不明・当時二十八歳）

【昭和三十七（一九六二）年】

金　姫順（きむ　ひすん）

昭和十七（一九四二）年十月二日生れ。失踪当時十九歳。身長一五六センチ。体重五五キロ。目は細い。見た目ではわからないが、交通事故で右か左の足が伸びない。金村英子（かねむらえいこ）・山田英子（やまだえいこ）という名前を使っていた。当時は専門学校生。

昭和三十七（一九六二）年一月、友人二人と神戸市の自宅から家出して新潟か富山に行った。そこで何者かに「良い仕事があるので一緒に行かないか」と誘われたが二人の友人は帰ってきて、本人だけはそれについて行った。過去に一度家出したことがある。失踪から一～二年の間は自宅に、無言電話があり「英子」と呼びかけても返答が無かった。

加瀬　テル子（かせ　てるこ）

昭和十九（一九四四）年五月四日生れ。失踪当時十七歳。身長一五八センチ。細面。当時は家事手伝いをしていた。

昭和三十七（一九六二）年四月の午後、千葉県海上郡海上町（現旭市）の自宅を出て、最寄りの飯岡駅前にあるパーマ屋に出かけ、その後行方不明。所持金はパーマ代のみ。翌日、叔母と新宿コマ劇場へ観劇に行く約束をしていた。

平成十六（二〇〇四）年、脱北者が北朝鮮から持ち出したとされる写真が、法医学者の鑑定の結果「本人である可能性が極めて高い」とされた。平成二十五（二〇一七）年、政府はこの写真が第三国にいる別人のものと発表しているが、詳細は一切発表しなかった。

◎拉致濃厚

七月　大寿丸事件（工作員崔燦寔逮捕）

八月　警察発表　関根固（名古屋市に居住。八月頃から連絡がとれなくなった）

二宮　喜一（にのみや　よしかず）

昭和十三（一九三八）年一月十五日生れ。失踪当時二十四歳。身長一五六～七センチ。体重五十二キロ。やせ形、面長。血液型Ｏ型。ラジオの組み立て技術もあり、将来は無線通信士を目指していた。趣味は自転車での遠乗り。酒は好き。左眉の一番鼻に近いところの下に大きなホクロ。愛媛県出身。当時東京都内の専門学校学生で昼間は電気関係の会社に勤めていた。

昭和三十七（一九六二）年九月「ちょっと頭を冷やしに十和田湖（もしくは山）に行ってくる」と東京都品川区の下宿先にメモを残して失踪。失踪当日、国鉄品川駅から下宿に「セカンドバッグの忘れ物がある」との電話があった。一か月位後に下宿先から愛媛の実家に「帰ってこないが、実家に帰っていないか」と連絡が来た。

九月二十四日　解放号（村上）事件（工作員金泰煥・金鳳国・李承基を逮捕）

十月二十七日　警察発表　西﨑和子（見知らぬ男が北九州市門司区の自宅を訪れ家人の目の前から連れ出してそのまま行方不明・当時十五歳）

十一月十日　鯵ケ沢事件（工作員呉在淳を逮捕）

井上　征子（いのうえ　せいこ）

昭和十九（一九四四）年一月十一日生れ。失踪当時十八歳。身長一四六センチ。体重五〇キロ。色白。当時洋裁師見習いをしつつ、夜は洋裁学校に通学。広島県出身。

昭和三十七（一九六二）年十二月六日、東京都北区の洋裁学校に通学途中、仕立物を顧客宅に届けたあと行方不明となる。学校には出席していなかった。

【昭和三十八（一九六三）年】

坂下　喜美夫（さかした　きみお）

昭和八（一九三三）年二月八日生れ。失踪当時三十歳。口数は少ない方。酒は飲んだ。以前は金沢の陸上自衛隊にいた。

昭和三十八（一九六三）年、石川県七尾市で親戚が営む乾物屋の仕事で自転車で配達に出てそのまま失踪。自転車も不明。

三月頃　警察発表　加藤富夫（都内に居住していたがこのころから家族との連絡が途絶え行方不明・当時二十歳）

三月三日　五十川事件（山形県温海町の海に面した山林で無線機発見される）
四月一日　第一次能代事件（秋田県能代市の海岸に工作員の遺体二体漂着）
五月頃　警察発表　寺田正弘（勤務していた大阪市内の会社を退職した後行方不明・当時十九歳）
五月十日　第二次能代事件（秋田県能代市の海岸に工作員の遺体一体漂着）

寺越　昭二（てらこし　しょうじ）

昭和二（一九二七）三月三十一日生れ。失踪当時三十六歳。身長一七〇センチ。

寺越　外雄（てらこし　そとお）
昭和十四（一九三九）年二月七日生れ。失踪当時二十四歳。身長一七〇センチ。

寺越　武志（てらこし　たけし）
昭和二十四（一九四九）年九月二十一日生れ。失踪当時十三歳。

【寺越事件について】
昭和三十八（一九六三）年五月十一日、石川県志賀町に住む寺越昭二さん、弟・寺越外雄さん、甥・寺越武志さんの三人は一・五トンの漁船で同町高浜漁港を出港し、網をしかけて一旦福浦漁港に入り休憩した。その後十二日未明漁場に向かったまま行方不明になる。翌日、沖合七キロメートルで漁船が漂流しているのが発見された。漁船には左舷前方に衝突されたような傷跡と日本の船には使われない塗料がついていた。三人は海難事故で死亡したものとして戸籍を抹消され葬儀も行われたが二十四年後の昭和六十二（一九八七）年一月二十二日、外雄さんから石川に住む姉に北朝鮮の平壌で生活しているという手紙が届いた。同年七月、北朝鮮とパイプがあった地元選出の社会党島崎譲代議士と一緒に武志さんの両親が訪朝して外雄さん・武志さんと面会を果たした。その後も武志さんの母友枝さんは度々平壌を訪れ武志さんと面会している。父太左エ門さんは平成十三（二〇〇一）年八月に訪朝した際そのまま北朝鮮に留まり、武志さん一家と平壌市内で生活、平成二十（二〇〇八）年に逝去した。

北朝鮮の説明によれば、昭二さんは昭和四十三（一九六八）年三月三十日、心臓病のため病死したとされているが確認されていない。元北朝鮮工作員安明進氏が教官から聞いた話として、日本に侵入するところを目撃されたため、昭二さんは拳銃で射殺されて海に沈められ、弟・外雄さんと甥・武志さんは拉致されたと言われている。外雄さんは平成六（一九九四）年、北朝鮮の亀城で死去したとされる。武志さんは平成九（一九九七）年、金沢市を本籍として戸籍を回復しており、北朝鮮では金英浩（キム　ヨンホ）と名乗り平成九年当時は平壌市職業総同盟副委員長の肩書きになっていた。平成十四（二〇〇二）年十月三日（拉致被害者五名の帰国の十二日前）に、朝鮮労働党員及び労働団体の代表団の副団長として日本を訪れ、金沢市の妹の家に宿泊した。家族が会うことができ、一時的とはいえ帰国することができた唯一の拉致被害者である。

明らかな拉致であるにかかわらず、武志さんは「正体不明の船に衝突し海に投げ出され意識を失って気付いたら北朝鮮の船に救助されその北朝鮮で暮らすようになった」と言わされている。息子を事実上人質にとられている友枝さんの意向もあり日本政府は拉致認定していない。

◎救う会認定

五月二十一日　酒田事件（工作員馬今風鳳らを逮捕）
六月一日　十里塚海岸沖不審船事案（山形県酒田市十里塚海岸沖で工作船が逃走）

高橋　太一（たかはし　たいち）
昭和十六（一九四一）年十一月二十一日生れ。失踪当時二十一歳。身長一六五センチ位。体重六〇キロ位。右手首内側十センチ位上に大豆粒くらいのホクロ。趣味は読書・音楽・軟式野球。会社員。それまでは陸上自衛隊で北海道、青森に勤務。

昭和三十八（一九六三）年、神奈川県川崎市の下宿先の家主から「六月初旬から下宿に帰って来ない」との連絡の葉書が実家にあった。下宿していた室内には身の周り品を残したままで、衣類、布団はきちんとたたんであった。運転免許証や危険物取扱主任者免状、実印なども置いたままだった。

中塚　節子（なかつか　せつこ）

昭和二十（一九四五）年六月五日生れ。失踪当時十八歳。身長一五五～一五八センチ。色白で富士額。長野県出身。

昭和三十八（一九六三）年六月十六日、東京都文京区にある印刷会社の仕事を終え、「ちょっと出かけてくる」と六歳年上の同僚の男性と小銭を持ってサンダル履きで会社から出かけたまま、ともに戻らず。居住していたのは東京都文京区の会社寮。印刷会社に勤務した昭和四十二（一九六七）年に失踪した日高信夫さんの会社と寮のすぐ近くで、二人の失踪まで二か月ほど近くに居住していたことになる。

六月十六日　警察発表　猪爪（安田）正年（北海道森町の公園グラウンドで目撃されたのを最後に行方不明・当時三歳）

八月十日　警察発表　内山實（北海道室蘭市の自宅から自転車で出たまま行方不明・当時二十三歳）

森　洋子（もり　ようこ）

昭和十九（一九四四）年五月十五日生れ。失踪当時十九歳。身長一六三センチ。体重四八キロ。長身でやせ型。色白で盲腸の手術痕。鼻の右下と口の下に小さなほくろあり。失踪当時はベージュ色の上下のスーツに茶色のバッグ。髪はパーマをかけていた。北海道戸井村（現函館市）に居住し、自宅の雑貨商店手伝いをしていた。

昭和三十八（一九六三）年九月二十日に失踪。前日に北海道函館市内の高校時代の友人宅に宿泊した。失踪当日は別の友人と買い物をしたり函館山に登ったりした。またバスの時間（午後九時）に合わせて喫茶店二軒で友人と時間を潰してバス停に向かったが、「前日宿泊した友人宅に泊まる」と言って友人と別れたあと行方不明となる。

十二月六日　警察発表　槙野國貞（大阪市内の道路上に自動車を放置したまま行方不明・当時十九歳）

【昭和三十九（一九六四）年】

中島　慶子（なかしま　けいこ）

昭和十八（一九四三）年二月二十一日生れ。失踪当時二十歳。北陸電力に勤務。

昭和三十九（一九六四）年一月二十六日、「友達のところへ行く」と言って富山県高岡市の自宅から出かけたまま失踪。当時のことを知る母親の日記には、「黄色のセーターにグレーのスカート、オーバーの姿。所持金は少なく、着替えも持っていっておらず、計画的とは思えない」と記されている。婚約をしていて、あとは式の日取りを決めるだけだった。

三月　寝屋川事件（工作員全東岩を逮捕）

五月十四日　菫グループ事件（工作員菫吉模を逮捕）

馬場　昌一（ばば　まさかず）

昭和十九（一九四四）年十二月十三日生れ。失踪当時十九歳。身長一六四センチ。体重六〇キロ。血液型A型。内向的性格。趣味は読書。高校ではバレーボール部。大学では空手部に所属。運転免許取得中。大学二年生（機械科）だった。

昭和三十九（一九六四）年六月四日の朝、東京都日野市の自宅で両親とは顔を合わせたが、その日自宅を出たまま夜帰宅せず。お金も衣類も持ち出していない。大学で使用する製図版等は整えているので大学を辞める気はなかったと思われる。姉には「新宿でいいアルバイトがある」と言っていた。

七月十六日　三和事件（工作員李基方を逮捕）
七月二十四日　本庄浜事件（工作員姜礼黙を逮捕）
七月二十九日　一宮事件（工作員朴秀爽を逮捕）

永田　進（ながた　すすむ）

昭和十八（一九四三）年二月十三日生れ。失踪当時二十一歳。身長一七〇～一七二センチ。三歳のころ足を火傷。おとなしく口数は少ない。石川県出身で大阪市住吉区の会社に勤務していた。

昭和三十九（一九六四）年八月二十五日、会社の寮から「近くの銭湯に行く」と一人で出かけ行方不明となる。失踪後、家族が本人のペンフレンドの女性（関西地方）の手紙を見つけ、状況をしたためたが返事はなかった。

十月頃　警察発表　菅原秀夫（大阪府東大阪市の自宅を出て行方不明・当時二十一歳）
十月二十五日　警察発表　長谷川久美子（「友人と大阪へ遊びに行く」と福岡県山田市―現嘉麻市―の自宅を出たまま行方不明・当時二十三歳）
十月三十一日　寝屋川事件（工作員朴基華を逮捕）
十二月十五日　蒲田事件（工作員全東岩を逮捕）

昭和四十年代

【昭和四十（一九六五）年】

昭和四十年頃　警察発表　梅田眞砂子（当時住んでいた大阪府東大阪市内の荷物を残したまま行方不明・当時二十二歳）

一月三日　警察発表　水上純也（福岡県古賀市の親戚方を訪問するため福岡市の自宅を出たまま行方不明・当時二十八歳）

米川　茂雄（よねかわ　しげお）

昭和十七（一九四二）年七月十四日生れ。失踪当時二十二歳。身長一七二センチ。中肉、面長、髪はオールバックで短い。酒は飲む。

昭和四十（一九六五）年一月十八日、勤務先である父親の経営していた東京都中央区の会社から、自動車の下取りをしてもらうため査定に出かけていた。午後四時三十分頃、会社に「今から帰る」と電話があったが戻らず。三～四日後、築地のがんセンター近くの川のそばで車が発見された。その後連絡なし。

山口　美好（やまぐち　みよし）

昭和十四（一九三九）年三月一日生れ。失踪当時二十六歳。身長一七〇センチ。細身だががっしりした体格。国鉄（現在のＪＲ）職員。野球をしていた。生真面目でうまく立ち回れないタイプ。喫煙、酒は少々。

昭和四十（一九六五）年三月三日失踪。職場の同僚が事故で死亡し、その現場を見たショックから「国鉄にいたくない」と言い、別の仕事を始めると言い出した。失踪前日の夜遅く、その仕事を紹介した人物と二人で大阪市内の兄の家を訪れた。兄は反対し喧嘩になったが、翌日の朝心配して守口市の下宿先を訪ねると、一切の荷物が整理され、本人はいなくなっていた。身分証明書や現金等が机の上に残されていた。失踪後、家族が市役所を訪問して住民票を確認しようとしたが、原本が見当たらず、市の助役が謝罪するという出来事があった。

藤田　進（ふじた　すすむ）

昭和二十三（一九四八）年三月二十五日生れ。失踪当時十七歳。身長一六〇センチ。血液型ＡＢ型。おとなしい性格。やせ形。前歯がケガで欠けたのでつないでいる。当時高校一年生だったが休学中だった。

昭和四十（一九六五）年二月二十六日、新潟県青海町（現糸魚川市）の

自宅から十五分、海岸から徒歩五分の映画館で、明治大学マンドリンクラブの演奏会が開かれていた。午前中に妹が行って良かったので、それを聞いた進さんも一人で自宅から徒歩で出かけていった。猛吹雪で、学生服の上にブルーのアノラックを着ていた。
※昭和五十一（一九七六）年に失踪した埼玉県川口市の藤田進さんとは同姓同名の別人。
◎拉致濃厚

三月十五日　神田事件（工作員李竜鉄を逮捕）

小丸　勝義（こまる　かつよし）

昭和十七（一九四二）年十二月二十四日生れ。失踪当時二十二歳。身長一七〇センチ。体重六〇キロ。広島県出身。子供の頃けがで左眉の中心に縫った痕が残っている。大阪府堺市に居住し、大阪府の大学を卒業。

昭和四十（一九六五）年四月十日失踪。造船会社に就職が決まり、東京本社で研修を終えて赴任地舞鶴への切符をもらって以後行方不明。汽車に乗ったのかどうかも分からない。

五月　警察発表　岩渕志久也（静岡県清水市－現在静岡市清水区－の自宅から「魚釣りに行く」と言って外出し行方不明・当時二十二歳）

吉田　信夫（よしだ　のぶお）

昭和十（一九三五）年八月三十日生れ。失踪当時二十九歳。身長一六〇センチ弱。体重五五キロ強。酒は飲み、飲み過ぎるとからむ。右目の視力が弱く多少斜視。北海道の製紙会社に勤務し小樽市に居住。

昭和四十（一九六五）年五月二十五日、札幌市の手稲工場で勤務を終えたあと行方不明となる。その年の四月に小樽から札幌に転勤。汽車通勤なので小樽工場へ立ち寄った可能性がある。

種橋　昭子（たねはし　あきこ）

昭和十八（一九四三）年八月二十三日生れ。失踪当時二十一歳。身長一四五センチ。体重四五～六キロ。おとなしい性格。家族は盲腸の外科手術をしていたと記憶している。珠算もやっていた。会社員。一時期養女として福島県に行ったが復籍した。

昭和四十（一九六五）年六月八日、母親に「元養女先に戻る」と言って埼玉県朝霞市の自宅を出たまま戻らず。元養女先には行っていないことがわかり、母親が朝霞警察署に捜索願を提出した。

六月二十二日　日韓基本条約締結

坂本　とし子（さかもと　としこ）

昭和十七（一九四二）年十一月二十二日生れ。失踪当時二十二歳。身長一五五センチ。血液型B型。中肉。髪が少し癖毛。洋裁、編物、日本舞踊を習っていた。見かけはおとなしそうだが話をするととても面白い。実家が浴場業だったのでお店を手伝いながら編物教室に通っていた。

昭和四十（一九六五）年六月九日、東京都北区の自宅から二十分くらいの編物教室に行くと言って、普段と同じように家を出て失踪。東十条と千葉にお店（銭湯）があったので二軒のお店を行ったり来たりして手伝っていた。お見合いで話がまとまり秋には結婚かという状況だった。

未確認だが、脱北女性が「明確ではないが、一九九三年ぐらいに、政治大学で見たことがあるような気がする」と証言。

◎拉致濃厚

七月二日　警察発表　丸橋甚三郎（北海道旭川市内で家族と会話を交わした後行方不明・当時五十六歳）
八月頃　警察発表　鎌田靖雄（大阪に住んでいた親戚の家を訪ねたのを最後に行方不明・当時三十六歳）
八月　警察発表　岡　元恵（大阪府大阪市内の自宅を出て行方不明・当時十九歳）
八月上旬　警察発表　西島稔治（大阪府大阪市内の自宅を出て行方不明・当時二十四歳）
八月二日　江戸川事件（工作員宋嬉燉を逮捕）
八月二十六日　警察発表　寺本辰夫（北海道旭川市の自宅から知人と共に外出した後行方不明）
八月三十日　長田事件（工作員崔俊治逮捕）

山形　キセ（やまがた　きせ）
昭和十八（一九四三）年九月十三日生れ。失踪当時二十一〜二十二歳。身長一五九センチ位。左右に八重歯がある。青森県弘前市の中学校を卒業後、神奈川県川崎市の和裁教室で、住み込みで和裁の見習いをしていた。

昭和四十（一九六五）年三月に母が青森から上京して一緒に東京見物をしている。また八月に姉妹とともに写真を撮ったが、それ以降実家の家族とは音信不通になった。居住地前で失踪年の夏に撮ったと思われる写真がある。

西平　カメ（にしひら　かめ）

昭和三（一九二三）年四月二十日生れ。失踪当時三十七歳。身長一五五～一六〇センチ。六〇キロ前後。酒はたまに飲む。庭造りが好きで畑仕事が好きだった。戸籍上は「大田カメ」。

昭和四十（一九六五）年十月に失踪。二、三日前に内縁の夫と喧嘩をしていた。ある朝、北海道帯広市の自宅から行方不明。家財、衣服などもまったく手付かずで着の身、着のままだった。内縁の夫との間にもうけた二歳くらいの乳呑児もそのまま置き去り。その後、一切の連絡なし。

十月二十八日　警察発表　安次富寛盛（沖縄県宜野湾市で行方不明・当時二十一歳）

十二月十八日　日韓国交正常化

【昭和四十一（一九六六）年】

丸山　善昭（まるやま　よしあき）

昭和十八（一九四三）年八月九日生れ。失踪当時二十二歳。身長一六〇センチ。優しい性格。父似で酒好き。福井県三国町に居住し、底引き網船の漁船員をしていた。

昭和四十一（一九六六）年三月三十一日、福井県三国町の下宿に「加賀の実家に行ってくる」と伝言して出かけたまま行方不明となる。当日は月末の給料日で、天気が良くても出港をしないことになっていた。当日は背広上下で裸足に下駄履きの格好で、普段とは違ういでたちだった。三名の東北なまりのような男性が三国漁港で別々に船に乗り込むなどしていたが、四月以降に姿を見せなくなった。

五月頃　警察発表　津曲俊直（兵庫県神戸市内の会社を辞めた後行方不明・当時二十四歳）

五月初旬頃　警察発表　高松日出子（居住していた千葉県市川市内の従姉夫婦宅を出て行方不明・当時二十歳）

山本　正樹（やまもと　まさき）

昭和十二（一九三七）年六月一日生れ。失踪当時二十九歳。宅地建物取引主任資格。大工、少林寺拳法の心得あり。大阪市内の不動産会社に勤務していた。

昭和四十一（一九六六）年七月十三日に家族が大阪府枚岡市（現東大阪市）の自宅へ行くと「数日友達の所へ行く。誰が訪ねてきても行方不明と言ってくれ」というメモが残っていた。隣室の人に聞くと「二日前（七月十一日）にスーツケースを持って出て行くのを見た」と言っていた。その後消息なし。交通事故の裁判があったがそれにも出てこなかった。

七月十二日　杉並事件（工作員安珉濬を逮捕）

小林　榮（こばやし　さかえ）

昭和十八（一九四三）年四月二十九日生れ。失踪当時二十三歳。身長一六〇センチ。体重六十キロ。茨城県出身。

活動的で中学時代は陸上部に入りマラソンなどをしていた。ボクシングをするためジムに入ると言っていた。昭和四十一（一九六六）年八月二十一日、体調を崩して住み込みで働いていた東京都千代田区の印刷会社を休む。会社の人に「医者に行く」と言い残して外出後、行方不明となる。身の周りのもの、荷物などいつもの通りだった。

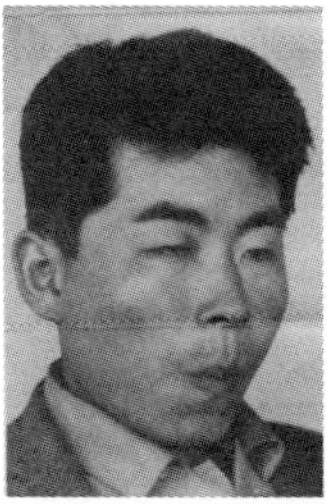

宮脇　留義（みやわき　とめよし）

昭和十四（一九三九）年三月十五日生れ。失踪当時二十七歳。身長一六五センチ。体重六十キロ位。中肉中背で骨組みがっちり。手足大きめ。左目尻に一センチくらいの傷あり。右足膝下に五センチくらいの切り傷あり。甲種坑内保安係員(国家試験免許)、起重機運転士免許。酒は好き。山口県光市の製鉄会社に勤務。

昭和四十一（一九六六）年九月三十日、最後に郵便貯金をおろしている。同じ日付で十月、京都の消印で光市の寮の同室者に「テレビ等の家具はやる」との葉書が届く。同年十二月末、母と次男が会社、寮を訪ね、会社の人事担当者と上司の作業長、寮母に会い、いきさつを聞くと「突然行方不明になった」とのこと。給料、退職金、社内預金にも手をつけていない。

【昭和四十二（一九六七）年】

昭和四十二～四十三年　警察発表　丸山千恵子（北海道札幌市の自宅から行方不明・当時四十歳）

蘇武　喆子（そぶ　てつこ）

昭和十七（一九四二）年八月三日生れ。失踪当時二四歳。身長一五八センチ。体重五五キロ。血液型B型。中肉中背。太めの髪質。近視でメガネ着用。素直で優しい。また慎重で几帳面な性格。家事手伝いをしつつ、編み物教室に通っていた。

昭和四十二（一九六七）年一月九日夕方六時頃、北海道帯広市の自宅に兄が一時帰宅した際には喆子さんは在宅していたが、その後兄は仕事に出かけ、夜九時頃に妹が帰宅した際にはいなくなっていた。失踪日は吹雪だった。いつも着ていたオーバーはなく、財布と普段履いていた靴もなくなっていた。保険証、貯金通帳等は残されたままで、荷物をまとめた形跡や荒らされた様子もない。その後二年ほどの間、年に二、三回の無言電話が実家に掛かって来たが、「てっちゃん？」と呼びかけても何も言わずに切れてしまった。

吉田　雪江（よしだ　ゆきえ）

昭和二十四（一九四九）年二月十八日生れ。失踪当時十七歳。身長一五六センチ。体重五五キロ。鼻は丸い。性格は活発、明朗、真面目。当時は電話交換手だった。

昭和四十二（一九六七）年一月二十八日夕方、北海道釧路市の会社の同僚の結婚式が午後六時頃からあり、退勤後自宅に戻り着替えてから式場に向かった。終了後式場からいったん自宅に戻り、午後八時三十分から九時の間位に新婚旅行への出発を見送りに行くと時刻表を指して時間を確認し、自宅から長靴で出かけた。服装は結婚式に出た服装で、その上にオーバーを羽織っていた。新婚旅行の出発は選挙の投票をしてから出かけるために翌日に変更になっていた。

二月二十一日　警察発表　武石喜八（佐賀県佐賀市内の下宿を自転車で出た後行方不明・当時二十五歳）

城崎　瑛子（しろさき　えいこ）

昭和二十一（一九四六）年七月二十日生れ。失踪当時二十歳。身長一五三センチ。趣味は裁縫、洋裁が趣味で、岩内町内の裁縫の学校に通っていた。北海道共和町の家に居住し、普段は家事手伝いをしていた。

昭和四十二（一九六七）年四月二十一日朝八時か九時頃、いつものように母親に「服地を買いに町に行ってくる」と言い残して自宅を出かける。岩内町の中心部へはふだんから路線バスで出かけていた。十二時頃、岩内港の防波堤に、本人の靴、かばん、服地、いつも家に買って帰っていたケーキなどが置いてあるのを地元漁師が発見し、岩内署に連絡した。遺留品が本人のものと確認できたため、警察がダイバーを出し、付近海底を捜索したが遺体などは発見されなかった。

山崎　博司（やまざき　ひろし）

昭和十九（一九四四）年三月八日生れ。失踪当時二十三歳。身長一六〇センチ。左の頬の鼻に近いところにに四ミリ位のホクロ。趣味はカメラ。農業に従事。

昭和四十二（一九六七）年五月八日昼「遊びに行く」と自転車に乗って北海道士別市の自宅を出かけたが帰って来ず、総出で二日捜す。自転車は国道のすぐそばの知人の家で見つかった。この日暗くなってから、家人の知らない車が家の入口に来てUターンして行ってしまった。車を見つけた妹が「兄ちゃんが帰ってきた」と言ったが誰も降りてこなかった。

日高　信夫（ひだか　のぶお）

昭和十九（一九四四）年十一月二十七日生れ。失踪当時二十二歳。身長一五〇センチ。体重五十五キロ。血液型A型。右手人指し指第二関節と中指第一関節欠損。

昭和四十二（一九六七）九月、新宿区の印刷会社に勤務していたが、「大阪で新しい仕事場が決まった」というので、友人が東京駅まで見送りに行き、その後行方不明となった。「故郷の鹿児島に帰った」という話もある。なお、この会社と昭和三十八（一九六三）年に失踪した中塚節子さん印刷会社は直近の位置にあった。

平成十八（二〇〇六）年、「一九九四年（平成六年）に平壌の病院で会った人に非常によく似ている。朝鮮語が下手だったので、朝鮮人でないと思った。印刷に関する日本語と朝鮮語の書物を読んでいた」という脱北者の証言がある。

◎拉致濃厚

十月十日　警察発表　木村征二（実家から釧路市の寮に戻る途中行方不明・当時二十三歳）

岡田　優子（おかだ　ゆうこ）

昭和二十八（一九五三）年三月二十七日生れ。失踪当時十四歳。日本舞踊をやっていた。北海道佐呂間町に居住する中学三年生だった。

昭和四十二（一九六七）十月二十三日、学校を休んだ。国鉄湧網線（現在は廃線）の浜佐呂間駅から汽車で二十分程離れた常呂で見たという人がいた。常呂駅近くの海岸で本人のカーディガンが見つかった。

紙谷　慶五郎（かみや　けいごろう）

明治四十五（一九一二）年三月五日生れ。失踪当時五十五歳。身長一七五センチ。温厚だが、子どものしつけは厳しかった。男の子どもには義務教育も受けさせなかった。しかし、他人の世話は人一倍好きなことで有名だった。

◎拉致濃厚

紙谷　圭剛（かみや　けいご）

昭和十六（一九四一）年三月二十日生れ。失踪当時二十六歳。身長一七八センチ。義務教育も受けなかったが、数学と幾何学は天才的だった。

◎拉致濃厚

紙谷　礼人（かみや　のりひと）

昭和二十三（一九四八）年四月十一日生れ。失踪当時十九歳。人思いの性格。優しい。明るい。女の子に特にやさしかった。スポーツ万能。くよくよしない。指導力もあった。

◎拉致濃厚

紙谷　速水（かみや　はやみ）

昭和二十六（一九五一）年一月九日生れ。失踪当時十六歳。身長一七〇センチ。体が弱かった。内股で歩く。女の子のように優しい。

◎拉致濃厚

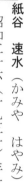

【圭運丸事件について】

昭和四十二（一九六七）年十一月七日、紙谷慶五郎さん所有の漁船「圭運丸」（六トン）に父慶五郎さんと三人の息子の計四人が乗船。当日午前六時頃に北海道雄武町元稲府北岸港を出港し、港から七キロ付近にてイカ底建て網漁を操業。帰港する他の僚船とすれ違って漁場に出て戻ってこなかった。当時はベタなぎだったが、潮の流れが速く、他の僚船は操業を中止。遭難現場を目撃した人物はおらず、付近に他の船が存在したかどうかも確認されていない。船体は遭難付近の海底にて発見されたものの、引き上げ作業に失敗。船の油や残留品などが雄武町付近の海岸でも発見されたが、乗組員四人の遺体は発見されないまま捜査は打ち切られた。船も引き上げられなかった。その後圭運丸が別の場所で失踪前に三隻の船に囲まれていたという目撃証言や、誰も失踪を知らなかったときに「紙谷の船が転覆した」と家族に伝えた見知らぬ男がいたことが明らかになり、札幌地検に拉致事件としての告発が行われている。なお韓国における拉致事件は大部分が漁船の拿捕抑留によるものである。

坂本　英明（さかもと　ひであき）

昭和十（一九三五）年十一月十五日生れ。失踪当時三十二歳。身長一六五センチ。体重五〇キロ。煙草は一日十本位。酒は少々。熊本県内の高校を卒業後、航空自衛隊（山口県防府市）に六年勤務し、その後運送会社に勤める。
昭和四十二（一九六七）年十一月二十日、「運転免許の更新に行く」と言って大阪市西区の会社寮を出たまま行方不明となる。免許は更新されていなかった。

十一月二十三日　外務省スパイ事件（工作員李載元を逮捕）
十二月　警察発表　武田紀子（栃木県足利市の足利駅でタクシーを降りた後行方不明・当時二十一歳）
十二月　警察発表　浅尾賢子（岡山県倉敷市の自宅から失踪・当時二十歳）

【昭和四十三（一九六八）年】

昭和四十三年　警察発表　辻本春夫（大阪府泉大津市に居住、職場を退職してその後行方不明・当時二十二歳）
一月十二日　警察発表　仙波照男（愛媛県新居浜市の自宅を出て行方不明・当時三十八歳）

屋木　しのぶ（やぎ　しのぶ）

昭和二十三（一九四八）年一月二十七日生れ。失踪当時十九歳。身長一五八センチ。中肉だが骨太でがっしりした感じにもみえる。目がくっきりした二重でかわいい顔立ち。編み物、裁縫をするなど手先が器用。読書が好き。高校生の時体を壊し、薬を服用しながら通学していた時期がある。

富山県入善町の美容院でインターンとして働いていた。

昭和四十三（一九六八）年一月十五日、美容院から休みをもらい、母の実家である叔母の家に行き、双子の赤ちゃんの帽子と靴下を編んでいた。でき上がってから夕方六時半頃、大雪で叔母が家から最寄りのバス停へ向かう姿を見送ったのが最後。お金や荷物は持たず、運転免許証も自宅に置いたまま。その後いっさい連絡なし。

昭和四十（一九六五）年ごろ、いとこの嫁に編み物を習っていた若い女の子がトラックに引き上げられそうになったことがあった。

◎拉致濃厚

一月二十一日　北朝鮮ゲリラによる韓国大統領官邸襲撃未遂事件

水島　慎一（みずしま　しんいち）

昭和二十四（一九四九）年四月二十四日生れ。失踪当時一八歳。身長一六五センチ。体重七五キロ。がっちりした体格。野球部キャプテンで腕力に自信があった。遠泳が得意。高校三年生。

昭和四十三（一九六八）年二月九日、学期末試験最終日のお昼頃帰宅し、富山県朝日町の自宅から歩いて五分の宮崎海岸に「バットの素振りをしてくる」と父に告げて出かけた。夕方五時を過ぎても戻らないので父と姉が海岸に行ってみると、波打ち際にバットがころがっていた。その日海はベタ凪。水島さんは遠泳の名手で溺れたとは考えられない。海産物会社に就職が決まっていた。

◎拉致濃厚

三月三十日　警察発表　森俊武（東京と練馬区内の下宿先に荷物を残したまま行方不明・当時二十三歳）

早坂　勝男（はやさか　かつお）

昭和十九（一九四四）年一月二十二日生れ。失踪当時二十四歳。身長一五六センチ。体重五五キロ。趣味は写真、登山。酒は飲む。印刷の仕事で怪我をして、親指と人差し指がやや変形している。東京都台東区の印刷会社に勤務。

昭和四十三（一九六八）年の正月、千葉県松戸市の兄の準社宅にて兄弟とその家族七人で過ごし、夕方帰った。二月か三月に怪我で入院したが、そのあとの四月、東京都墨田区の住居先から失踪した。失踪から数か月後、本人の友人から「荷物を引き取ってくれ」と兄に電話あった。荷物は洋ダンス、衣類、登山靴、印鑑、保険証、郵貯通帳、現金などだった。

五月　警察発表　仲野健二（福岡県直方市の自宅に手紙を置いて行方不明・当時十八歳）

六月二十日頃　警察発表　古賀守（佐賀県久保田町の自宅を出て行方不明・当時十九歳）

小谷　幸夫（こたに　ゆきお）

昭和二十二（一九四七）年二月十三日生れ。失踪当時二十一歳。身長一七〇センチくらい。体重五五～六キロくらい。血液型A型。緻密でまじめ。運転免許あり。趣味は登山、旅行、音楽、読書。喫煙、飲酒あり。株、商品取引で利益を得ていた様子。

昭和四十三（一九六八）年七月二十一日、大学四年の夏休み、下宿先の東京から北海道の実家へ帰省の途中、山形県の飯豊本山に登山した模様だが消息を絶つ。失踪二日前に上野を出発、翌日郡山、山都を経由し、一ノ木登山連絡所で登山者名簿に記録し、山小屋に泊まった。翌朝たまたま同宿した四人とともに出発するが、飯豊本山あたりからガスがかかり、四人は引き返したが、本人のみが御西岳に向かった。その後消息不明。上野で本人が送ったと思われる荷物だけが実家に届く。

八月　警察発表　曽我佳子（新潟県新潟市の自宅を出たまま行方不明・当時十八歳）

八月　朝鮮労働党・日本共産党の平壌会談決裂、以後北朝鮮は社会党へ接近する。

九月　金沢・足立事件（工作員朴環華逮捕）

十一月十八日　東大阪事件（工作員韓春根を逮捕）
十一月二十六日　都島事件（工作員鄭基龍を逮捕）

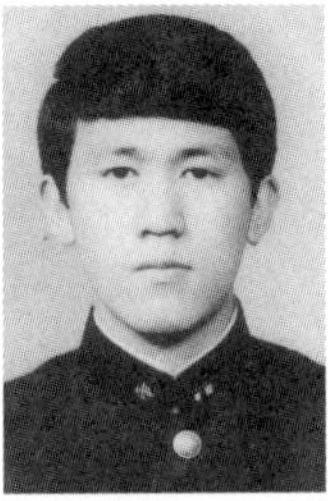

斉藤　裕（さいとう　ひろし）

昭和二十五（一九五〇）年九月十七日生れ。失踪当時十八歳。身長一六〇センチ。小柄でやせ型。左右は不明だが腕に火傷痕。盲腸の手術痕。高校三年生。

昭和四十三（一九六八）年十二月一日夜七時頃、北海道稚内市の自宅から約四キロ位離れた友人宅を訪ねたが不在だったので、「また来る」と家人に告げて、浜の方に降りていったのを最後に消息不明。当日は晴天で積雪はなく、気温も八度位。服装はタートルネックのセーターで学生ズボンという姿。警察に捜索願を出し、駅も探した。また家族で海岸を探すが手がかりなし。

国家安全保衛部に所属し一九九九年に韓国に亡命した権革氏は昭和五十三（一九七八）年五月、朝鮮人民軍偵察指導局の日本語教官、翌年には泰川の軍官学校で日本語の教官をしていたと証言。また平成十二（二〇〇〇）年に韓国に亡命した元北朝鮮人民軍大尉金国石氏は平成二（一九九〇）年七月から平成四（一九九二）年八月までの間、馬東煕大学の偵察指揮課程で時々見かけた」と証言。

◎拉致濃厚

国井　えり子（くにい　えりこ）

昭和二十六（一九五一）年十月十一日生れ。失踪当時十七歳。身長一五〇センチ。細身。血液型A型。近視で眼鏡使用。内向的だが、時としてキツイところもある。勝気で芯はしっかりしている。盲腸の手術痕あり。小学校高学年のころ英語塾へ通っていた。趣味　英語、詩を書くこと、お茶、お華。当時高校二年生。北海道網走市に居住。

昭和四十三（一九六八）年十二月十二日失踪。数日前から、家には「学校へ行く」と言って出かけていたが、学校や知人の証言によると、家人が仕事に出かけたあとで家に戻り、自分の部屋に閉じこもっていた。失踪当日の午前七時三十分頃、「学校で試験があるのでいつもより早く学校へ行く」と言ってみかんを半分だけ食べて自宅を出たまま行方不明。失踪時の服装は高校の制服。普段かけていた眼鏡は部屋に置かれたままで、日記も二冊あった。衣服などは持ち出した形跡はなかったが、本人のアルバムがなくなっていた。大金は持っていないし、家のお金には手をつけていない。失踪後、数日してから自宅に無言電話が三〜四回かかってきた。「もしもし」と声をかけても一方的に切れるものだった。同様の無言電話が本人の親戚にもあった。脱北者が提供した写真が、法医学者により「この写真の女性を国井えり子さんとして矛盾する

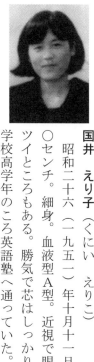

ものはないが、今後の検討を要する」とされた。
◎拉致濃厚

【昭和四十四（一九六九）年】

一月四日　警察発表　秋本弘（千葉県千葉市の自宅から出勤したまま行方不明・当時二十三歳）

一月　警察発表　牧薗典夫（兵庫県西宮市の勤務先寮から行方不明・当時二十一歳）

別役　佳子（べっちゃく　けいこ）

昭和十六（一九四一）年八月一日生れ。失踪当時二十七歳。身長一五五～六センチ。体重五五キロ。色白。喫煙、酒は飲む。スポーツは何でもやる。京都市内の飲食店に勤める。

昭和四十四（一九六九）年二月十五日、電話で高知県香我美町（現香南市）の実家に「（一時帰省で）帰る」と連絡したが、そのまま行方不明。実家に子どもを預けていた。日付は不明だが、当時北海道に居住していた弟に家賃とミシンの支払いを依頼する手紙が送られてきた。

二月　警察発表　北庄司悦男（大阪府岸和田市の自宅を出て行方不明・当時二十四歳）

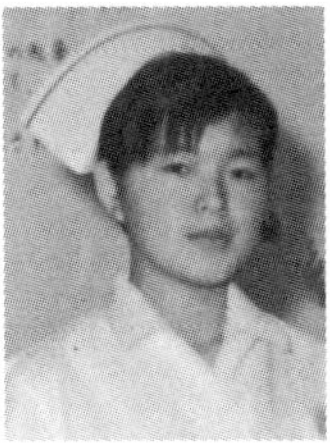

長谷川　文子（はせがわ　ふみこ）

昭和二十七（一九五二）年二月二十二日生れ。失踪当時一六歳。血液型A型。中学生の時扁桃腺の手術をしている。

昭和四十四（一九六九）年三月、看護婦として病院で働きながら看護学校を卒業。北海道美唄市にある学校の帰りにバスから降りるところまでは目撃されている。警察や近所の人も捜索したがバス停から家へ向かうまでの足取りが全くない。看護免許証もお金も何も持たないで行方不明になった。

今井　裕（いまい　ゆたか）

昭和二十五（一九五〇）年十二月二十日生れ。失踪当時十八歳。身長一七〇センチ。体重六二～三キロ。五人兄弟の末っ子。眼鏡着用。右の頬に子どものとき木に登ってついた傷が残っている。青森県弘前市の高校三年生。東京で就職が決まっていた。

昭和四十四（一九六九）年三月二日、二日後の卒業式で答辞を読むことになっていて、制服のボタンを買いに自宅を出ていったが、午後十時を過ぎても帰宅しないので兄弟二人が市内を捜す。午後十一時過ぎ、弘前警察署に捜索願を提出。翌日、警察、消防署、学校関係者で捜すが見つからず。失踪二〜三日前に家の隣にある物置小屋の脇で書類（紙類）らしいものを燃やしていた。また残された生徒手帳に深浦町艫作（へなし）の海岸と思われる手書きの地図を描いた紙を挟んでいた。

母親は失踪以前から毎日一行ずつノートに日誌を付けており平成二（一九九〇）年一月から平成九（一九九七）年まで毎年一回無言電話があったことを書いている。平成五（一九九三）年十月二日の項には午前九時半頃自宅に電話があり「裕を二、三日内に返す」と相手が言ったことが書かれていた。
◎拉致濃厚

六月頃　警察発表　片岡清（埼玉県草加市で行方不明・当時三十歳）

白鳥　英敏（しろとり　ひでとし）

昭和二十四（一九四九）年十月二十七日生れ。失踪当時十九歳。身長一六五～一七〇センチ。体重六〇～六五キロ。眉が濃く鼻筋が通っている。二重まぶたではっきりした目。信州大学農学部一年生。

昭和四十四（一九六九）年七月頃、長野県松本市の下宿先より行方不明。普段は出かけるとき、帰ったときに下宿先に声をかけていたようだが、下宿先の家人が入院したため家が留守で、いつごろからいなくなったのか不明。退院後にいないかと下宿から連絡があった。七月中旬頃、大学の図書館で見かけた人がいることが分かった。六月の父あての葉書では「学生紛争中だが少しはクラスで勉強したりクラブでコロナ観測所に行ったりした」、また「六月三十日の夕方に帰る」といったようなことが書いてあった。部屋の中も暮していたままで食事のあとそのままで、食器も洗わずに置いてあった。

大屋敷　正行（おおやしき　まさゆき）

昭和二十七（一九五二）年十二月五日生れ。失踪当時十六歳。身長一六五～一六八センチ。やせ型。色弱。温厚で素直、おとなしい性格。髪はくせ毛でぼさぼさした感じ。優しくいつもほほえんでいた。写真を撮るときは歯がちらりと見える。自分の気持ちをはっきり人に伝えたり、進んで新しいことに挑戦したりするタイプではなかった。卓球部に所属。運動神経はとてもよかったようだ。当時高校二年生。東京都江戸川区に居住。

昭和四十四（一九六九）年七月、友達四～五人と三泊四日の予定で東京から静岡県沼津市の大瀬崎海岸へバイクで海水浴に行く。三泊目となる二十七日、夜中にトイレに行くと泊まっていたバンガローの外へ出たまま戻らず。枕元に腕時計、財布、運転免許証など残したまま。翌日沼津署に捜索願を出した。前出（斉藤裕さんの項）の権革氏は平成九（一九九七）年頃、泰川にある軍官学校で講習を受けた一二〇人位の軍人の中の一人で、三か月ほど一緒に六人部屋で生活したと証言。その時に聞いた話では「拉致された数日後、（日本国内の）旅館のようなところに拘束され、そこから車で移動して船に載せられ、北朝鮮に渡った」と言っていたという。

◎拉致濃厚

仲村　克己（なかむら　かつみ）

昭和十八（一九四三）年五月一日生れ。失踪当時二十六歳。身長一六〇センチ。眼鏡使用。牛乳販売所勤務。

昭和四十四（一九六九）年八月、兵庫県西宮市で間借りしていた部屋のテーブルの上に「八月二日神戸へ行く」と書かれたメモを残して行方不明となる。九月、家主より「一か月家に帰っていない」と実家に電話があり九月か十月に西宮警察署に失踪届を出す。部屋からパスポートがなくなっていた。また勤めていた会社に給料の問い合わせがあったが取りに来なかった。

石田　清（いしだ　きよし）

昭和十八（一九四三）年三月十六日生れ。失踪当時二十六歳。身長一六〇センチ。体重五〇キロ。血液型A型。黒目が少し欠けているようだ。車の板金技術を持っている。自家用車所有せず。中学在学時は化学部に所属。秋田県二ツ井町（現能代市）で板金工をしていた。

昭和四十四（一九六九）年九月末～十月の稲刈りの前日、二ツ井町の実家に来て、「明日も来るよ」と言って出ていったまま音信不通。失踪後、隣家に清さんのパジャマが投げ捨てられ、またその家の電線が切断されていた。日時は不明だが、二ツ井高校近くのバス停の鷹ノ巣方面、藤里方面行乗り場で清さんが立っていたのが目撃されている。

十月　第一五四次帰還船出港（この後一時中止、このときまでに八万八千人が北朝鮮に渡る）

上田　英司（うえだ　えいじ）

昭和二十四（一九四九）年七月十五日生れ。失踪当時二十歳。身長一七五センチ。趣味は読書。目立つのを嫌がる地味な性格。実直で親思い。大学受験生。アルバイトで東京都内のホテルフロント、喫茶店で働く。

昭和四十四（一九六九）年十一月四日、東京都渋谷区の下宿の家主に「京都に行って来る」と言い残し、黒のコートを着て紙袋一つ下げて出ていったらしい。十一月初めに実家の鳥取県から荷物を送ったが、いつもは来るはずの「受け取った」という手紙が来ないので不審に思って十一月二十日頃電話し、いなくなったことを知る。

安明進氏（北朝鮮から亡命した元工作員）によれば「一九九〇年（平成二年）、南朝鮮革命史跡館参拝のとき見た党幹部風の人物に酷似している」とのこと。ただし目撃した印象では年齢と身長が合致しない。

【昭和四十五（一九七〇）年】

十一月十三日　岩崎・能代事件（工作員金邦鎮を逮捕）

十二月十一日　北朝鮮工作員が大韓航空国内線旅客機をハイジャック

横田　道人（よこた　みちしと）

昭和二十一（一九四六）年七月二十一日生れ。失踪当時二十三歳。身長一七三センチ。体重六八キロ。髪が少し縮れている。趣味ハイキング、写真、ギター。喫煙。飲酒。群馬大学工学部応用化学科卒業後、群馬県安中市の東邦亜鉛に入社し、十か月後に失踪。

昭和四十五（一九七〇）年一月二十七日、当日は給料日で、会社の昼休みに駅前郵便局に貯金し、同日残業後午後七時頃安中市内の電気店にステレオの月賦を支払いに行く。午後七時三〇分頃、松井田駅行きのバスで帰宅する予定で電気店前のバス停に立っていたのをその電気店の店員が見届けたのを最後に行方不明になる。失踪前は特に変化は見られず、一月頃に家族に「新しい研究が成功した」と話していたのでお祝いした。

古川　文夫（ふるかわ　ふみお）

昭和二十六（一九五一）年九月五日生れ。失踪当時十八歳。身長一六〇センチ。痩せ型。血液型O型。髪は七三分け、酒は少々、喘息の発作でときどき息ができなくなる。当時は大工見習い

昭和四十五（一九七〇）年二月、「三日位の日程で遊びに行く」と兵庫県尼崎市の自宅を出て行方不明。福井方面に出かけたと思われる。出かけて三日目位に電話が

あり、「あと三日ほどで帰る」との内容だったが帰宅しなかった。さらに後日、石川県の消印で実家に手紙が届いた。手紙の中には質札が入っており、質物件は本人のカメラなどだった。その他外出するような心あたりはなし。

三月　警察発表　志波昌子（千葉県館山市に友人と遊びに行った後行方不明・当時十六歳）

七條　一（しちじょう　はじめ）

昭和二十三（一九四八）年八月二十二日生れ。失踪当時二十一歳。身長一六五センチ。中肉中背。靴のサイズは二四・五センチ。血液型O型。眼鏡着用。盲腸の手術痕あり。当時大学生。

昭和四十五（一九七〇）年二月三日早朝、当時居住していた東京都杉並区の下宿を出て北陸方面へ旅行。新潟・佐渡・富山を回って七日に金沢のユースホステルに宿泊。翌八日朝に出発し、輪島で一泊したが「能登を回ってバスが遅れ、大阪行きの汽車に遅れた。もう一泊する」と実家に連絡があり、九日夜は金沢のユースホステルに再度宿泊。翌十日午前九時十五分頃、同所を出発して以降消息不明。「雪が降っていたので兼六園の雪景色を見てくると言って十センチ位積もった雪の上を堤防の方に向かって歩いて行った」という証言と

「東尋坊・永平寺に回ると言って宿を出た」という証言がある。十日は夕方のフェリーで西宮市の母の実家から祖父母を徳島県の実家に連れて帰り、翌十一日に行われる法要に出席する約束をしていた。事前に東京の下宿から法要出席のための背広を西宮の母の実家に送ってあった。また十四日には受験で上京する弟と東京に行く約束をしていた。

◎拉致濃厚

三月三十一日　よど号ハイジャック事件

四月十八日　警察発表　加藤司郎（北海道札幌市の自宅で母親と会話を交わした行方不明・当時二十二歳）

四月　切浜沖北朝鮮工作船発砲事件　兵庫県城崎郡竹野町（現在豊岡市竹野町）切浜沖で北朝鮮工作船を海保巡視船が追跡中銃撃を受ける。

佐藤　益一（さとう　ますいち）

昭和二十（一九四五）年三月三十日生れ。失踪当時二十五歳。山歩きが好き。大阪府池田市の会社寮に居住。

昭和四十五（一九七〇）年六月十三日土曜日、電話で姉に「友達に誘われて淡路島に行く。ボーナス支給日の前で銀行預金に手を付けたくないの

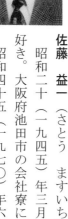

で」と言って金を借りた。その後淡路島に行ったのか、一度寮に帰って十四日に行ったのか、十四日に一旦戻ってきてから失踪したのかは不明。六月十五日、会社から鹿児島の実家に「出社していない。勤務態度が真面目だったので無断欠勤するはずがない」と電話があって失踪が判明。警察、会社も探したが足取りが掴めなかった。その後会社に「益一さんはもう会社には行かない」という電話があり、名前を名乗ったがその苗字の人は会社にも高校にもいなかった。

越川　力（こしかわ　つとむ）

昭和二十一（一九四六）年四月十八日生れ。失踪当時二十四歳。身長一六六センチ。体重六〇キロ。血液型A型。当時会社員。

昭和四十五（一九七〇）年七月十九日、東京都練馬区のアパートの大家に「海に行ってくる」と言って出ていったあと、行方不明になる。

加藤　久美子（かとう　くみこ）

昭和二十三（一九四八）年一月一日生れ。失踪当時二十二歳。身長一五五センチ。体重四七キロ。首の後ろに水疱瘡の痕がある。算盤、速記、ペン習字、電話交換扱いの特技。趣味は編み物。酒は少量は飲める。活発。

昭和四十五（一九七〇）年八月八日朝、妹と一緒に福岡県北九州市八幡

区（現在八幡東区）の自宅を出て十分くらい離れた西鉄北九州市内線（路面電車・現在廃線）の大蔵電停で別れる。その後消息不明。いつも通りの服装であった。小倉にある勤務先の会社へ向かったと思われるが、会社に出勤はしていない。母親に「週末に編み物の先生とお茶会に行くので着物を出しておいてね」と言っていた。前述の元工作員安明進氏が「一九八八年、八九年、九〇年、金正日政治軍事大学内で横田めぐみさんと一緒にいた女性だと確信する」と述べている。

◎拉致濃厚◎救う会認定

九月五日　警察発表　下寺弘（兵庫県尼崎市内の会社を退職した後行方不明・当時三十八歳）

九月十二日　警察発表　楚南幸吉（沖縄県那覇市の会社を退社後行方不明・当時二十八歳）

十一月　八王子事件（工作員高栄浩逮捕）

岡内　正三（おかうち　まさみ）

昭和十六（一九四一）年十二月二十一日生れ。失踪当時二十八歳か二十九歳。身長一六五センチ。体重六五キロ。眼鏡着用。香川県出身。高校卒業後は静岡でセールスマンをしていた。勤務先近くのアパートに一人暮らしだった。

昭和四十五（一九七〇）年十二月、従業員として勤務する香川県高松市の兄経営の焼肉店から失踪。当時は仕事着（白い割烹着）で所持金も運転免許証も持っていなかった。皆近くへでも行っているものと思っていた。

【昭和四十六（一九七一）年】

一月　在日韓国人の北朝鮮工作員徐勝が韓国で逮捕

一月頃　警察発表　大田清（神奈川県相模原市の下宿先から行方不明・当時十八歳）

三月　警察発表　野村博（東京都文京区の下宿先から行方不明・当時二十三歳）

三月二十日　警察発表　越川武志（愛知県岡崎市在住。知人宅を出た後行方不明・当時三十二歳）

村本　宣夫（むらもと　のぶお）

昭和三（一九三二）年八月十八生れ。失踪当時三十八歳。煙草は少々。パチンコはやっていた様子。当時は運転手・事務・雑用。二十～二十五歳頃、和菓子製造職人をしていて、卸売りもしていた。

昭和四十六（一九七一）年三月二十四日、山口県岩国市の居住地より失踪。運転免許証、お金など全部置いてあり、普段着のまま。乗用車も新車に乗り換えたばかり。夫婦生活、人間関係に特に変わったことはなかった。行く先を告げずに遊びに行くことはなかった。失踪後、連絡一切なし。

山下　綾子（やました　あやこ）

昭和十七（一九四二）年九月二十日生れ。失踪当時二十八歳。身長一五七センチ。体重五〇キロ位。内向的。お酒少々。香川県の看護学校を卒業し就職。その後大阪の病院に勤めたが、結婚の一年前に退職し、愛媛県今治市内の病院に自転車で通勤していた。

昭和四十六（一九七一）年四月のある日、自転車で普段着のまま自宅を出て忽然と姿を消した。翌々日、今治駅に自転車が置いてあるのが発見された。自転車の前カゴには桜の小枝が一本挿してあった。自宅には預金通帳、印鑑、看護婦の証明書などそのまま。

五月　昭和四十三（一九六八）年から中断していた北朝鮮への在日朝鮮人帰還事業再開

七月六日　警察発表　黒岩（江村）行敏（大阪府岸和田市内の自宅を出て行方不明・当時十八歳）

七月三十一日　篠原新町事件（工作員金南鮮を逮捕）

八月二十六日　青森県艫作埼沖不審船事案（海保航空機が北朝鮮工作船を追跡したが逃走）

八月二十七日　北海道江差港沖不審船事案（海保航空機が北朝鮮工作船を追跡したが逃走）

八月　警察発表　久美田ちり子（神奈川県川崎市で銭湯を出た後行方不明・当時十五歳）

八月　北朝鮮工作船　青森県西津軽郡艫作埼沖・北海道檜山郡江差港沖

九月二十一日　石原事件（工作員呉順培を逮捕）

九月二十五日　足立事件（工作員朴環華を逮捕）

十月二日　馬渡事件（鹿児島県揖宿郡頴娃町―現在南九州市―馬渡海岸でゴムボート二隻に分乗した六名が上陸。沖合で北朝鮮工作船が発見されるが逃走）

名取　志津子（なとり　しずこ）

昭和二十七（一九五二）年二月十六日生れ。失踪当時十九歳。小柄で丸顔。北海道瀬棚町（現せたな町）に居住。姉の嫁ぎ先である北檜山町（現せたな町）の金物店に勤務。店は北桧山駅から四〇〇メートル離れた市街地にあり、国鉄瀬棚線（現在は廃線）で通勤していた。金物店の前は函館・札幌のお茶の会社に勤めていた。

昭和四十六（一九七一）年十二月二日、勤務先から帰宅途中に行方不明となる。当日は静岡から戻ってくる母が午後七時半頃北桧山駅に着く列車に乗る予定だったため、いつもより店を出る時間を約一時間遅らせた。帰り際に「明日母のお土産を持ってくるから」と親類に言って店を出た。

十二月二十七日　警察発表　坂本弘子（北海道室蘭市の自宅を出て行方不明・当時二十歳）

井上　克美（いのうえ　かつよし）

昭和二十五（一九五〇）年六月八日生れ。失踪当時二十一歳。群馬県出身。失踪当時は長男が生まれる直前だった。

昭和四十六（一九七一）年十二月二十九日、勤務していた埼玉県川口市の電気工事会社の忘年会のあと、川口市内で午前一時くらいまで飲み、最後にすし屋で食事をしたあと友人と別れた。当時泥酔状態。夜、蕨市の自宅に帰らなかったので、翌三十日に群馬県前橋市の実家に妻が電話で問い合わせ、両親も失踪を知った。正月は実家に行くと言っていたので帰っているのではと思い電話したとのこと。服装はオレンジ色のハイネックのセーター。時計と免許証を持っていたが、運転免許の更新もなし。

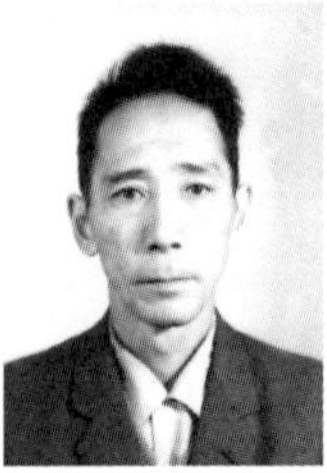

園田　一（そのだ　はじめ）

大正七（一九一八）年二月二十五日生れ。失踪当時五十三歳。身長一六〇センチ。痩せ型。当時は養鶏場管理人をしていた。

◎拉致濃厚

園田　敏子（そのだ　としこ）
昭和四（一九二九）年九月七日生れ。失踪当時四十二歳。身長一五五センチ。痩せ型。
◎拉致濃厚

【園田　一・敏子夫妻の失踪】

昭和四十六（一九七一）年十二月三十日午前十一時頃、年末に大阪伊丹空港から帰省する次女を迎えに園田一・敏子夫妻は自家用車で鹿児島県大崎町の自宅（管理人宿舎）から宮崎空港へ向かう途中、消息を絶つ。地元住民や警察などが住居から宮崎空港へ向かう国道（一六九号線や一〇号線）を捜索したが見つからず。車も発見されていない。出発時、夫の一さんは会社の助手に「ガソリンスタンドへ寄ってから国道一六九号線を走って行く」また「都城の百貨店に寄って三女の成人式の晴れ着を見てくる」と言っていた。

未確認だが北朝鮮で脱北者が「家族がよく似た日本人女性を見た」との情報がある。また「敏子さんに似ている」とする北朝鮮国内で撮影された写真を平成二十五（二〇一三）年に報道関係者が入手している。

園田一さん・敏子さんの長女前山利恵子さんのメッセージ

鹿児島県出身の園田一、トシ子、お父さん、お母さん元気にしてるでしょうか。突然にお父さんたちの消息がわからなくなって四十八年、また十二月三十日がやってきます。あの日から私達子供は、生きてはいますが、何してても足りないものがあります。嬉しいことや悲しい出来事にしても、知らせてあげたいことがいっぱいです。それ程お父さんお母さんの存在は大きいのですよ。毎日毎日心の中で今日一日の無事を祈っております。

私達の気持ちが届いているのか、それだけでも知りたい、知らせてほしいです。決してほったらかしにしてはないからネ。必ず必ず助け出されるはずですから。

神様はいつになったら自由の身にしてくれるのでしょうか。待ち遠しいネ。あまりにも長過ぎます。

私ももう七〇歳。すれちがってもわからないかも知れませんが、私がお父さんお母さんにきづきますから安心して下さい。

年月は過ぎ去ってますが、私の頭の中には優しかったお父さん、お母さんがいつもいますので、お父さん、お母さんは自分の健康に充分気をつけて下さい。寒いのが苦手なお父さん、あったかい肌着の一枚でも届けてあげたい。そんな日の来ることを念じていますよ。

この間お父さん達のことを一生懸命応援してくださってる方々の取りくみで近くまで来まし

たよ。私の声聞こえましたか？　聞こえたなら、行けるものなら飛んで行きたかったです。
もう少しの辛抱です。頑張んだよ。早くあいたい。

【昭和四十七（一九七二）年】

木村　秋男（きむら　あきお）

昭和二十三（一九四八）年十二月十九日生れ。失踪当時二十三歳か二十四歳。身長一六七センチ位。体重六〇キロ位。やや細身。原付バイク免許あり。

昭和四十七（一九七二）年頃に失踪。昭和四十六年（一九七一）頃、姉が京都にいたときに友人とともに訪ねてきたのが最後だった。友人三人とともに大阪府堺市の運輸会社を辞めたようだ。会社寮を出てアパートで暮らしていた。

昭和四十七年頃　警察発表　浜野（浜埜）洋一（兵庫県伊丹市の勤務先から行方不明・当時三十歳）

昭和四十七年二月頃　警察発表　江戸龍一（大阪府大阪市の自室から行方不明・当時十九歳）

二月十七日　警察発表　望月明（東京都江戸川区の自宅を出て行方不明・当時二十二歳）
三月一日　警察発表　竹村達也（茨城喧嘩の勤務先を退職した後行方不明・当時三十六歳）
三月三日　警察発表　鷲見孝司（愛知県名古屋市の自宅を出た後行方不明・当時二十七歳）
三月十三日　宿根木事件（工作員二名を逮捕）
三月十九日　李貞植電波法違反事件（工作員李貞植を逮捕）

平山　政子（ひらやま　まさこ）

昭和二十一（一九四六）年九月四日生れ。失踪当時二十五歳。血液型A型。当時飲食店に勤務し、マジックショーのアシスタントをしていた。

昭和四十七（一九七二）年三月二十四日、絵を描いていた姉が入賞し、そのお祝いを青森市内の自宅で行う予定だった。またその日はハワイで行われるマジックショーの世界大会の打ち合わせのために別の出場者と青森市内で待ち合わせていたが現れず行方不明となる。市内にある自宅アパートの鍵は開いたままだった。室内は身辺整理をした様子もなく、普段の生活状況のまま。残されていた通帳には現金が挟んであった。

政子さんが使用していた車は自宅アパートから約一・六キロメートル離れた場所に放置されていた。車内には地元の産品である大鰐もやしとあじゃら餅があった。

四月六日　警察発表　蔦谷伸樹（北海道釧路市の自宅を出て行方不明・当時十七歳）

四月十日　石川県猿山沖不審船事案（巡視船が工作船を発見し追跡したが逃走）

川満　敏弘（かわみつ　としひろ）

昭和十三（一九三八）年十一月三日生れ。失踪当時三十三歳。世話好きの性格だった。車両メーカーの荷役。その前は神奈川県座間市で自動車メーカーの季節工をしていた。愛知県名古屋市に居住。沖縄出身で地元の仲間とともに季節工として名古屋に勤務。契約期間が終わったので仲間は沖縄に帰ったが、本人だけが残ったという。

昭和四十七（一九七二）年五月、妹の出産見舞いで大阪府寝屋川市に来た時は明るかったが、それを最後に失踪した。名古屋に帰ったかは不明。

六月頃　警察発表　呉屋眞誠（沖縄県宜野湾市の自宅を出て行方不明・当時二十四歳）
七月四日　韓国と北朝鮮・相互不可侵などをうたった共同声明発表
七月六日　警察発表　鵜浦礼子（居住していた東京都目黒区の自宅を出て行方不明・当時二十歳）
七月二十九日　警察発表　上野照義（自動車運搬船の操機員として下関港に入港。同僚と飲食後行方不明・当時二十一歳）
八月頃　警察発表　田川克己（勤めていた東京都内の理髪店を辞めた後行方不明・当時二十四歳）
九月　警察発表　光瀬雅弘（愛知県半田市の自宅を出て行方不明・当時二十五歳）
九月十日頃　警察発表　竹中純七（石川県小松市内の実家を出て行方不明・当時二十一歳）
十月　北朝鮮に一時帰国した金炳植総連第一副議長が拘束
十月　韓国で憲法改正。大統領に権限を集中する「維新体制」に

生島　孝子（いくしま　たかこ）

昭和十六（一九四一）年六月十四日生れ。失踪当時三十一歳。血液型O型。電話交換手として東京都港区役所麻布支所に勤務。

昭和四十七（一九七二）年十一月一日、一日の年休届けを出して勤務先を休む。渋谷区の自宅で衣類の入れ替えをし、夕方クリーニング店に衣類を出している。当日朝、同居していた妹に「夕方に電話があったら出かける」と言っていたが詳しいことは言わなかった。妹が夕方戻ると孝子さんは出かけたあとで、翌日出勤時に着る服を揃えて出かけていた。その夜何の連絡もなく帰宅しなかった。翌日夜、自宅に電話があり無言の一時のあと、「今更仕方ないだろ」という男性の声とともに切れた。

一家で北朝鮮に渡り、のちに北朝鮮から亡命した韓国人経済博士の呉吉男氏が「一九八五年に平壌の高級アパートに滞在中、同じアパートに住み日本語を教えていた日本人女性と会話した。その女性は生島孝子さんによく似ている」と証言した。

◎拉致濃厚

生島孝子さんの姉生島馨子さんのメッセージ

最寄り警察署（代々木署）に失踪届を出すも、成人という理由で受理せずメモのみを残すが、翌年九月東京都の「行方不明調査特別月間」で調査に着手。その翌年と二年続けて対象となる。

○　行方不明になった翌日二二時ごろ、無言の不審な電話が入る。（当時の電話事情は、個々人が電話回線の申し込みをするのに非常にハードルが高かった。

○　新聞三全国紙に帰国を促す呼びかけの広告を出すが、反応なし。

○　警察署の通知で監察医務院に身元不明者の確認などにも出向くが、確定できず。

○　官報により身元不明死亡者を毎日確認する。

平成十五年九月十七日の「日朝首脳会談」後、孝子も北朝鮮ではないかと失踪届を提出（代々木署）

平成十六年五月、韓国の元経済学者「呉吉男」氏が、某拉致被害者の取材に当たったマスコミに対し、他にも女性を見かけ言葉を交わした」と証言し、対象者として生島孝子が挙がる。

その後呉氏が来日した際、生前の母うらに会い、「そっくりだ、九〇パーセント間違いない」との証言を得る。しかし、母は後日帰国した五人とご家族の再会のテレビ画面を食い入るように見ながら「私にはこんな場面はないわね」と寂しそうに言って、平成十七年二月に逝ってしまった。

証言者の呉吉男氏は、ヨーロッパ留学時、誘われて北朝鮮に入ったが与えられた仕事から自身の状況を認識し、北朝鮮を脱したという。

その後に情報は一切ない。孝子自身現在七十八歳という高齢であり、気象条件の厳しい北朝鮮でどのような状況に置かれているのか？　生命の状況はどうなのか知ることができるのを切望する。

政府には、目撃者に捜査当局が会い、確定でなくとも孝子であろうという見解をしていただきたく、再三要望書を出すも、取り上げてはもらえない。

佐々木　薫（ささき　かおる）

昭和二十五（一九五〇）年十月十八日生れ。失踪当時二十二歳。喫煙。調理師。歌が好き。美和健治という芸名を名乗っていたこともあった。

失踪前日の昭和四十七（一九七二）年十一月十一日、祭で実家の広島県三和町（現三次市）に帰省し、十二日に実家を出る。その後、女性から「薫さんから京都から戻れんようになったと連絡がありましたが広島に帰りましたか」と実家に電話があった。昭和五十九（一九八四）年には女性の声で「薫さんはおられますか」と実家に電話があった。

平成三年、薫さんからの年賀状が実家の近所に住む伯父のところに届けられたが、差出人の住所、消印は愛媛県今治市に実在するが、その住所には別人が住んでいた。年賀状は三人によって書かれたような筆跡があり、本人の名前も違う字が使われていた。

十一月　警察発表　山本伸（職場の昼休憩に和歌山県有田郡の自宅で昼食を済ませた後職場へ戻らず、行方不明・当時二十四歳）
十二月　北朝鮮憲法改正。金日成国家主席に推挙。

【昭和四十八（一九七三）年】

薩摩　勝博（さつま　かつひろ）

昭和二十四（一九四九）年十月十一日生れ。失踪当時二十三歳。秋田県八峰町出身。鼻が高く高校時代自転車競技をやっていたため筋肉質だった。酒は人並み。近視で眼鏡着用。快活で社交的な性格。友達が多く、頼りにされる存在。園芸、洋酒、麻雀に興味を持っていた。長距離走、バレーボールが得意。農業高校を卒業し、実家の農業を継いでいたが、失踪時は農閑期で東京の牛乳販売所で働いていた。

昭和四十八（一九七三）年一月、同郷で能代市在住の女性と一緒に失踪したと思われる。上京したが結婚を決意して秋田県の実家に帰郷。しかし家族や親戚に反対された。翌日「彼女を能代へ送っていく」と実家を車で出たのを最後に音信不通となる。車も発見されていない。

昭和四十八年ないし四十九年二月頃　警察発表　上山君子（北海道旭川市の自宅を出て失踪・当時十六～十八歳）

三月　警察発表　山下千恵子（姫路駅で母親と別れた後行方不明・当時二十一歳）

益田　ひろみ（ますだ　ひろみ）

昭和二十七（一九五二）年八月二十九日生れ。失踪当時二十歳。身長一五五センチ位。明るい性格で怒ることはなかった。

昭和四十八（一九七三）年三月朝、寝坊して、父が自転車で島根県日原町（現津和野町）の自宅から山口線東青原駅まで送り、汽車に間に合った。益田駅で降り、勤務先である駅前の呉服店のシャッターを開ける担当だったが、弁当などが入った鞄と京都への旅行の土産を店の裏口に置いてそのまま失踪。

山口　浩一（やまぐち　こういち）

昭和二十九（一九五四）年九月二十八日生れ。失踪当時十八歳。身長一六八センチ。血液型O型。左利き。どちらかの肩に十円から五百円玉大のアザがある。中学生の頃からスキーを始め、高校時代はインターハイに出場した。

　昭和四十八（一九七三）年五月、交際相手の女性（非公開）と、それぞれの家族に「友達の家に泊まりに行く」と言って大阪府内の自宅から出かけた。その後、青森県の十和田湖のホテルから「お金が足りない」と自宅に連絡してきたのを最後に、女性とともに行方不明となる。

遠山　文子（とおやま　ふみこ）
　昭和二十七（一九五二）年五月二日生れ。失踪当時二一歳。身長一五七〜一五八センチ。左の頬にえくぼがある。東京都内の建設会社に勤務していたが、同僚だった次項の警察発表堤和男さんと退職。
　昭和四十八（一九七三）年三月末に墨田区の家を出て、堤さんと都内のアパートに暮らしていた様子。六月中旬に堤さんとともに退職したあと、そのアパートを家族が訪ねたが不在。その一週間後にアパートを引き払う。のちに六月下旬から七月にかけて、福岡、東萩、津和野、札幌、女満別、知床、摩周湖、釧路、小樽、舞鶴、大阪、羽咋市柴垣の海水浴場に旅行した記録のアルバムが、遠山さんの友人に送られてきた。それ以来、二人とも消息不明。
　前述の権革氏によれば、「一九九三年九月に清津連絡所で会い、一緒に食事をした。身長一五七センチ位でふくよか、活発な性格」と証言。

七月　警察発表　堤和夫（前記遠山文子さんと共に失踪・当時二十七歳）

古川　了子（ふるかわ　のりこ）

昭和三十（一九五五）年一月一日生れ。失踪当時十八歳。身長一五七センチ。血液型B型。中学時代は水泳部、高校では卓球部部長を務めた。簿記、珠算和文タイプ等資格持っている。左利きだが左右同じに文字が書ける。手先が器用。千葉市内の高校を卒業後、造船会社で経理を担当していた。

昭和四十八（一九七三）年七月七日、土曜日で会社が休みだったので、千葉県市原市の自宅を出て、午前中に美容院に行って午後から母親と浴衣を買いに行く予定をしていた。ところが了子さんから美容院に電話で「今日の予約はキャンセルしたい。出かけるところができたので母親に浴衣を買いに行けなくなったと伝えて下さい」と言付ける。母親は友達にでも会うことになったのだろうと気にはしなかったが、それから何の音沙汰もなくなった。七月に初めて貰ったボーナスは手付かずで預金通帳も置いたまま。持って出たのは財布とハンカチくらいしか

入らない小さなバッグ一つだけだった。

元工作員安明進氏が「平壌の九一五病院に入院していた一九九一年（平成三年）秋、古川さんによく似た人と対話した」と証言。
◎拉致濃厚◎救う会認定

古川了子さんの姉竹下珠路さんのメッセージ

古川了子の母は、「了ちゃんが帰ってくるまで頑張るわ」と病院のベッドの上で何度も言っていたのに、その声はだんだん弱くなり、ついに十年前に九十四歳で亡くなりました。

了子が北朝鮮による拉致と判明する前から、「了子は小さいときから大人しい子で手がかからなかったので、私は忙しさにかまけてあの子をしっかり見てやれなかった。縁側から落ちて前歯を折ったときも、転んで目の上を大きく切ったときも、私はあの子を守ってやれなかった。大きくなってどこかへ行ってしまったのは、あの子の心をしっかり守ってやれなかった私が悪いのね」と言っていました。母の遺品から見つけた小さな手帳には細かな字で「了ちゃんゴメンね、ごめんなさい」と何度も書かれていました。気丈な母が数十年も自分を責め続けていたことを私は改めて知りました。

いま墓参りをするたびに「北朝鮮へ飛んでいって、了子の身にこれ以上の不幸が来ないように守ってあげてね。そして、必ず日本へ帰れるから、強い気持ちで生きていなさい、と励ましてやってね」と墓の中の母に頼んでいます。

七月　李白学（中川事件）能登半島より潜入
七月　趙昌朝（布施事件）美保関海岸より密出国
八月五日　温海事件（工作員崔光成・余興錫を逮捕）
八月六日　警察発表　山本恭子（大阪府堺市内の自宅近くの歯科医院で治療後失踪・当時二十四歳）
八月八日　金大中事件（韓国野党政治家金大中氏東京から韓国中央情報部要員により拉致）

江藤　健一（えとう　けんいち）

昭和二十八（一九五三）年五月二十七日生れ。失踪当時二十歳。身長一七五センチ。体型は普通。小指の片方が曲がっている。髪の毛は縮れ毛、瞼は一重。高校を卒業して就職。入社後、会社勤務のかたわら千葉大工業短期大学部（現工学部）に入学し、印刷工学科に在籍した。当時は千葉市に居住。

昭和四十八（一九七三）年八月十九日、本人から東京都内の勤め先である写真製版会社に「明日から出社する」旨の電話を入れたあと、行方不明となる。二十九日に友人三人が居住していた千葉市のアパートを訪れたが留守だった。八月十三日に大阪の実家に帰省していた。

九月　朝鮮労働党党中央委総会で、金正日を後継者に決定

九月頃　警察発表　吉井盛男（東京都杉並区の勤務先寮を出て行方不明・当時十九歳）

塚腰　義正（つかごし　よしまさ）

昭和二十四（一九四九）年八月二十六日生れ。失踪当時二十四歳。身長一六三センチ。体重五十八キロ。髪はくせ毛。左足の甲と脛に二歳の時の火傷のあとがある。当時大学生。

昭和四十八（一九七三）年六月、東京を出発して一人で海外に旅に出る。フィンランド、西ドイツ、フランス、イタリア、トルコ、イランなど二〇カ国を廻りパキスタンで十一月八日付の東京の自宅への便りを最後に消息を絶つ。予定ではパキスタン、インド、タイ、ベトナム、シンガポールを経て翌昭和四十九（一九七四）年一月に帰国すると便りにあった。

十一月　警察発表　熊倉清（新潟県新発田市の自宅を出て行方不明・当時二十四歳）

十一月上旬　警察発表　久保清久（東京都保谷市―現在西東京市―の自宅を出て行方不明・当時二十三歳）

十一月二十六日　警察発表　筒井裕子（愛知県豊川市の自宅を出て行方不明・当時二十二歳）

十二月　金勝孝事件（在日朝鮮人工作員金勝孝が韓国で逮捕）

渡辺　秀子（わたなべ　ひでこ）

昭和十六（一九四一）年六月五日生まれ。失踪当時三十二歳。北海道帯広市出身。

夫は地元北海道で北海道出身の在日朝鮮人・高大基と知り合って結婚し、二人の子供（敬美・剛）をもうけた。その後、夫・子供二人とともに埼玉県上福岡市（現ふじみ野市）に転居。高大基は身分を偽っていたが、北朝鮮工作員として日本国内で活動。昭和四十八（一九七三）年六月、密かに北朝鮮に渡っていた。秀子さんは目黒区のマンションで殺害されたとする説もあるが、遺体等何も発見されていない。未確認だが翌昭和四十九（一九四七）年春に生存していたとする説もある。

◎拉致濃厚

高　敬美（こう　きよみ）

昭和四十二（一九六七）年四月十日生れ。失踪当時六歳。

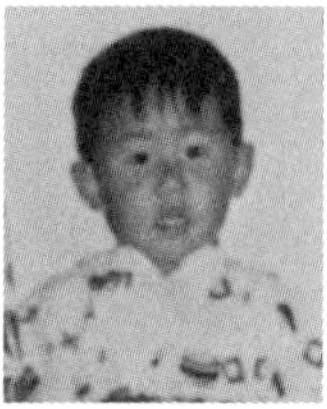

高　剛（こう　つよし）

昭和四十五（一九七〇）年六月二十九日生れ。失踪当時三歳。

◎警察断定

【渡辺秀子・高敬美・剛の失踪（拉致）について】

二人は北朝鮮工作員である父・高大基と日本人渡辺秀子さんの間に生まれた。父母とともに北海道から埼玉県上福岡市（現ふじみ野市）に転居した。昭和四十八（一九七三）年六月、高大基が突然失踪（北朝鮮に帰国）。その行方を追って渡辺秀子さんは敬美と剛の子供二人を連れ、高大基の勤務先である東京都品川区の貿易会社「ユニバース・トレイディング」の周辺を探し歩いていた。同社は表向きは貿易会社であったが、実は北朝鮮が工作活動を行うための会社であった。工作組織はそのことが明るみに出るのを恐れ、昭和四十八（一九七三）年十二月、親子三人を誘い出し、同社の寮である東京都目黒区のマンションに監禁した。子供二人は翌昭和四十九（一九七四）年六月に福井県小浜市の岡津（おこづ）海岸から北朝鮮へ連れ去ったと見られている。

十二月二十二日　水山事件（工作員金一東を逮捕）

【昭和四十九（一九七四）年】

三浦　和彦（みうら　かずひこ）

昭和二十七（一九五二）年三月二十八日生れ。失踪当時二十一歳。趣味はドライブをするだけ。あまり人付き合いしない方。身長一五六センチかもう少し高い位。当時福岡県篠栗町に居住。

波多野　幸子（はたの　さちこ）

昭和三十（一九五五）年二月十四日生れ。失踪当時十八歳。身長一五〇センチ。当時は福岡市に居住。

◎拉致濃厚

【三浦和彦さん・波多野幸子さん失踪について】

昭和四十九（一九七四）年一月十二日、福岡市内の家電メーカーで電気製品の組み立てを行っていた三浦和彦さんと波多野幸子さんが失踪。当日三浦さんは会社に出勤し、同僚に「前原（まえばる）へ行く」と言っていた。波多野さんの残業を待って二人で退勤後、ともに三浦さんの車で会社を出かけた。毎日波多野さんを午後九時までに家に送り十時に帰宅していたが、十二日から帰宅せず。十五日、前原警察署から志摩町（現糸島市）芥屋大門近くの海岸に車が放置されていると連絡がある。車内に三浦さんの運転免許証、コートが置かれたまま。車のそばに二人の靴が片方ずつ落ちていた。

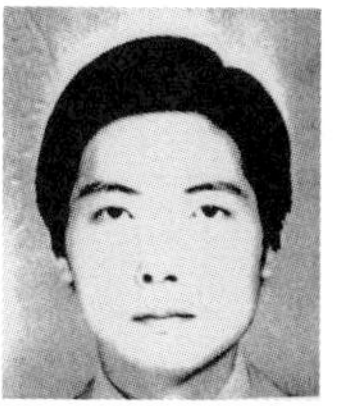

酒井　秀俊（さかい　ひでとし）

昭和二十七（一九五二）年一月一日生れ。失踪当時二十二歳。身長一七〇センチ。中肉中背。盲腸の手術痕。酒はつきあい程度。趣味は絵画、スキー。

昭和四十九（一九七四）年一月十六日、京都市右京区所在の下宿先から行方不明となる。当時、両親は転勤族で山形県に在住、姉は祖母と愛知県一宮市に住んでいたので、いついなくなったのか正確に分からない。京都市内の大学四年生で就職は愛知県名古屋市内に内定し、卒論に追われていた。正月に山形にも実家の一宮市にも帰らなかった。部屋はたった今まで生活していたような感じだった。失踪前年の昭和四十八（一九七三）年八月〜十月、フランス、イギリス、オランダを一人で旅行していた。

一月二十六日　警察発表　佐藤元子（宮城県内の勤務先を出て行方不明・当時二十三歳）

二月　金運南事件（在日朝鮮人工作員金運南韓国で逮捕）

二月　中川事件（工作員李白学を逮捕）

二月十日頃　警察発表　春成健三（仙台市の勤務先に出社せず行方不明・当時三十二歳）

島脇　文内（しまわき　ぶんない）

昭和二十五（一九五〇）年五月十八日生れ。失踪当時二十三歳。身長一七六センチ。性格的におとなしい方。趣味はレコード鑑賞。会社員。

昭和四十九（一九七四）年二月の朝、いつものように兵庫県神戸市垂水区の会社寮から時間どおりに出勤し、その後行方不明。自室に普段どおりミカンが置いてあり、所持金等も残され、変わった様子はなかった。部屋に残された背広の内ポケットに現金三十万円が残っていた。

大澤　孝司（おおさわ　たかし）

昭和二十一（一九四六）年六月二十一日生れ。失踪当時二十七歳。身長一七二センチ。体重六五〜七キロ。中肉中背。頭の上の左側に丸い三センチくらいの交通事故時の禿があり、髪の毛で隠していた。近視・色弱。趣味はカメラ、猟銃。垂れた髪を手で上げて、終わると頭をゆする癖。煙草一日二十〜三十本。新潟弁をしゃべる。新潟県新穂村（現佐渡市）の県農地事務所勤務。佐渡の前は小出（現魚沼市）の農地事務所に勤務していた。

昭和四十九（一九七四）年二月二十四日、独身寮から約四百メートル離れた飲食店で夕食を済ませ、知人宅に寄ったあと行方不明となった。北朝鮮製マッチが寮の前あたりに落ちていたという。当時事務所には五十～六十人が勤務、うち十五～二十人程度が本土から単身赴任で来ていた。

失踪時期は観光はオフシーズンだったため、曽我さん母子の時と違い、警察もかなり大規模に捜査した。事務所の同僚は「失踪二～三日前一緒の船で新潟から佐渡へ帰ってきた。船中では飲む話、食べる話などをしていて自殺や失踪のそぶりはまったくなかった」と話す。
◎拉致濃厚

三月　警察発表　松井ヨシ子（東京都大田区の自宅を出て行方不明・当時三十六歳）
三月十四日　警察発表　阿部吉雄（福岡県北九州市で飲酒した後行方不明・当時二十歳）
三月十五日　鬱陵島間諜団事件（日本で工作員に包摂された韓国人留学生・研修生が逮捕）
四月九日　警察発表　渡部宏英（神奈川県大和市内の会社寮を出て失踪・当時十八歳）
五月　警察発表　斉藤常夫（小型船で新潟県出雲崎町の自宅近くから出港し行方不明・当時四十二歳）

五月四日　警察発表　堀田登美雄（北海道札幌市の自宅に電話連絡した後行方不明・当時二十四歳）

荒谷　敏生（あらたに　としお）

昭和二十三（一九四八）年十月二十五日生れ。失踪当時二十五歳。身長一六〇センチ。やせ型。かなり強度の近視（眼鏡なしではだめ）。盲腸の手術痕。気が弱く、人と話をするのが不得意。以前は製品などを検査する会社に勤務していた。

昭和四十九（一九七四）年五月十三日、富山県新湊市（現射水市）の自宅から家族が外出中に行方不明となる。自宅は市内を流れる庄川の河口近くで海まで数十メートルで、裏には加越能鉄道（現万葉線）の無人駅があった。

清崎　公正（きよさき　きみまさ）

昭和七（一九三二）年九月五日生れ。失踪当時四十一歳。身長一七二センチ。体重六〇キロ。血液型O型。髪はオールバック。左足に十センチ位の手術の痕。煙草はショートホープかハイライト。スポーツ万能。性格は優しく子供好き。

昭和四十九（一九七四）年六月十四日午前九時頃、通常と同じように妻の作った弁当を持って兵庫県尼崎市の自宅近くの銀行に歩いていくのを見送ったのが最後。銀行で支払いのため五十万円下ろし、それを自宅から歩いて十分の自ら経営する建設会社の事務所に置いたまま、電気もついたままだった。失踪後なくなったものはなく、朝出勤した状態。その二〜三カ月後、近所の人の通報で乗っていた軽トラックが市内で発見された。新しい仕事のため建機も二台購入したところだった。

◎拉致濃厚

六月二十四日　警察発表　渡辺幸雄（八戸市内のアパートから車両で外出し行方不明・当時二十四歳）

六月二十六日　北総事件（工作員孔泳淳を逮捕）

峰島　英雄（みねしま　ひでお）

昭和二十七（一九五二）年九月二日生れ。失踪当時二十一歳。身長一七〇センチ以下ぐらい。ガッチリした体型。少し空手を習っていた。酒は飲める。喫煙。軽装。千葉市内に居住。電話工事関係の仕事をしていた。

◎拉致濃厚

◎拉致濃厚

関谷　俊子（せきや　としこ）

昭和三十二（一九五七）年五月十九日生れ。失踪当時十七歳。身長約一六二センチ。体重約五〇キロ。痩せ型。ソフトボールをやっていて実業団に入るのを勧められた。スポーツは得意。当時千葉薬品白旗店に勤務しながら定時制高校に通っていた。

◎拉致濃厚

遠山　常子（とおやま　つねこ）

昭和三十二（一九五七）年六月二十二日生れ。失踪当時十七歳。中肉中背で関谷俊子さんよりやや低い。ポッチャリしていた。千葉薬品白旗店に勤務しながら定時制高校に通っていた。

【峰島英雄さん・関谷俊子さん・遠山常子さん失踪について】

関谷さんと遠山さんは中学以来の友人で勤務先も通っていた定時制高校も同じだった。峰島さんと関谷さんは親戚関係。昭和四十九（一九七四）年七月十一日、当日は関谷俊子さんの引越を手伝った後、千葉市内の峰島さんの姉が経営する飲食店で食事をしていた。峰島さんが「二人を送ったら戻ってくるから握り飯を作っておいてくれ」と姉に言って店を出たまま戻ってこなかった。三人で失踪した特定失踪者は分かっている限りこのケースのみ。

七月二十八日　警察発表　柴田恭子（家族に「名古屋駅に新幹線の切符を買いに行く」といって外出し行方不明・当時二十六歳）

八月十五日　文世光事件（北朝鮮工作員に包摂された在日韓国人文世光がソウルで行われた解放記念日の式典会場で朴正煕大統領を狙撃し、大統領は難を逃れたが横にいた陸英修夫人が死亡）

八月　趙昌朝（布施事件）、美保関海岸より密出国

山下　春夫（やました　はるお）

昭和二十一（一九四六）年三月二十五日生れ。失踪当時二十八歳。水泳は得意。以前は銀行、製造会社などに勤務していたが、家業の後継者となるはずだった兄が急死したので、末弟の春夫を大阪から帰省させ、その年の六月から親戚が経営する地元の造船会社に就職させた。

昭和四十九（一九七四）年八月十七日、住み込みで働いていた福井県小浜市の造船会社で朝八時の始業時間前に、同居の大工から「山下さんが昨夜夜釣りに出かけたまま戻らない」と連絡がある。会社近くの岸壁に本人の作業靴を発見。港内、湾内を捜索するが手がかりなし。
◎拉致濃厚

竹屋　恵美子（たけや　えみこ）

昭和三十一（一九五六）年九月八日生れ。失踪当時十八歳。身長一五五センチ。大手電機メーカーを退職。失踪の一か月ほど前に「神戸の六甲山付近のパン屋で働く」ということで会社を辞めた。

昭和四十九（一九七四）年九月、母から十万円を貰い、バッグ一つを持って兵庫県加古川市の自宅を出て行った。数日後の九月二十七日、母に「着替えをとりにいくから」とだけ電話があったが、それ以来連絡がない。

九月十九日　切浜事件（工作員咸国上・李庸煥逮捕）

十一月　韓国側の非武装地帯で北から南に抜ける地下トンネルが発見

石川　和歌男（いしかわ　わかお）

昭和二十二（一九四七）年九月十九日生れ。失踪当時二十七歳。身長一六五センチ。体重五五キロ。血液型ＡＢ型。快活。バイクで転倒したときの傷痕が足にある。趣味は車。当時東京都秋川市（現あきる野市）に居住し、電機メーカーに勤務していた。

昭和四十九（一九七四）年十二月六日、夕方六時に東京都八王子市高尾の料理屋で行われた勤務先の忘年会の幹事をした。忘年会終了後、皆を車で送り、そのまま車ごと不明になる。姉の所へ連絡が入ったのはその五日後だった。

十二月二十九日　警察発表　和久一美（徳島県徳島市内の自宅を出て行方不明・当時二十一歳）

昭和五十年代

【昭和五十（一九七五）年】

藤原　英二（ふじわら　えいじ）

昭和二十四（一九四九）年七月二十六日生れ。失踪当時二十五歳。身長一六八センチ。中肉。色弱と乱視あり。趣味は釣り。当時東京の弁当工場で調理師として働いていた。それ以前は関西で調理師として数カ所に勤務した。

昭和五十（一九七五）年一月の一日か二日頃の夜、突然広島の実家に電話をしてきて、家族に「いま福井に釣りに来ている」と語る。その後一切の連絡がなく行方不明となる。同年三月、母がみかんを送ろうと東京の勤め先に電話すると、前年末から出勤していないとのこと。その春、姉が東京の居候先である友人宅へ行くと、衣類、釣り道具など荷物はそのままで運転免許証もあった。

二月四日　警察発表　内木百合子（愛県名古屋市の自宅を出て行方不明・当時二十二歳）

三月三日　警察発表　山本　正之（大阪府大阪市内の自宅を出て行方不明・当時三十三歳）

竹内　久美子（たけうち　くみこ）

昭和三十七（一九六二）年二月二十五日生れ。失踪当時十三歳。身長一六二センチ。体重四七キロ。左足ふくらはぎに薄いやけどの痕。癖毛。テニスを少しやる。大阪市の小学校卒業直後だった。

昭和五十（一九七五）年三月二十三日午後三時二〇分頃、大阪市住吉区の自宅で「靴下を履き替える」と言った。その後自室から貯金箱を揺らす音がした。それ以後行方不明。二か月程前から「私に誰かから電話がなかった？」と何度も聞いた。また自宅の電話料金が一月から急に高くなった。

四月　李東玄事件（日本に帰化していた李東玄が包摂されて工作員になり韓国で逮捕）

萩本　喜彦（はぎもと　よしひこ）

昭和十五（一九四〇）年一月十五日生れ。失踪当時三十五歳。身長一六五センチ。血液型A型。右眉に小さな傷痕がある。自動車免許を持っている。当時製鉄会社の電気保安係をしていた。

昭和五十（一九七五）年四月四日、夜勤で兵庫県高砂市の自宅から勤務先の製鉄会社へ自転車で行く途中行方不明となる。お金も持たず仕事着のまま。失踪後全く連絡なし。平成二十（二〇〇八）年、昭和五十一（一九七六）年に亡命した元北朝鮮工作員が昭和五十（一九七五）年八月に平壌曲技劇場の入口で見た。その後も平壌で二度ほど見たと証言している。

◎拉致濃厚

四月五日　鶴見寺尾事件（工作員金鶴萬を逮捕）

明石　靖彦（あかいし　やすひこ）

昭和三十五（一九六〇）年六月一日生れ。失踪当時十四歳。中学三年生。

昭和五十（一九七五）年五月十八日朝、家族に「すぐ帰る」と告げて石川県珠州市の自宅から自転車で出かけ、行方不明となる。市内の鉢ヶ崎海水浴場付近で自転車が発見され、沖合に浮いていたボートの中に、靖彦さんの草履と靴下があった。ボートは倉庫に保管されていたもの。

六月頃　警察発表　松本（朴）誠一（東京都板橋区の自宅を出て行方不明・当時二十九歳）

六月十四日　石川県猿山岬沖不審船事案（工作船を巡視船が追跡したが逃亡）

七月上旬　警察発表　宮坂昭二・昭三（埼玉県戸田市に在住。会社から「二人とも出社しなくなった」との連絡あり行方不明・当時二人とも二十七歳）

七月十二日　濁川事件（工作員李敏哲を逮捕）

八月　警察発表　久保經弘（神奈川県相模原市の自宅を出て失踪・当時二十九歳）

八月　警察発表　伊藤孝太郎（東京都台東区の自宅を出て失踪・当時二十六歳）

山田　妙子（やまだ　たえこ）

昭和二十八（一九五三）年二月十七日生れ。失踪当時二十二歳。飲食店従業員。身長一六七～八センチ。体重四五キロ位。細身。足が長くスタイルは良かった。顔は小さく卵形で色白。本名は阿部妙子。山田洋子という通称も使っていた。父親の姓は崔。

昭和五十（一九七五）年八月二十五日、北海道札幌市で失踪。失踪当時、妹が電話をすると、同棲相手が電話に出て「(妙子さんは）二、三日前からいない」と言われた。また妹が友人とともにその部屋を訪ねたが、妙子さんの姿はなかった。その後何の手がかりも見つからない。数日前に妙子さん本人から妹に電話があり「兄弟仲良く、元気で暮らすように」と言われた。また妙子さんの友人から「別人のようにやつれていたし、お別れの挨拶に来たのでどこかに行くの？」と聞かれた。

八月二十五日　警察発表　木町勇人（京都府宇治市の下宿先を出て失踪・当時二十歳）

九月　警察発表　桑村一二三（兵庫県姫路市在住。勤務先を出た後行方不明・当時二十一歳）

九月　松生丸事件（漁船が北朝鮮により銃撃・拿捕される）

十月　福井タカ子（後によど号犯の妻）日本から出国

十一月二十二日　学園浸透在日同胞留学生間諜団事件（日本で包摂された在日韓国人学生が留学生として韓国で工作活動をして逮捕）

【昭和五十一（一九七六）年】

一月三十一日　警察発表　知念　清善（沖縄県那覇市の自宅を出て失踪・当時二十五歳）

藤田　進（ふじた　すすむ）

昭和三十一（一九五六）年六月十六日生れ。失踪当時十九歳。家ではあまりしゃべらないタイプ。ギターがうまかった。当時は東京学芸大学一年生。

昭和五十一（一九七六）年二月七日午後六時半〜七時頃、以前から行っていた新宿のガードマンのバイトに行くと言って服を持って埼玉県川口市の家を出たまま帰らず。のちに新宿にある全ての警備会社に電話で問い合わせたが全く手がかりがなかった。昭和三十五（一九六〇）年に失踪した藤田慎さんの甥。平成十六（二〇〇四）年、脱北者が所持していた身分証明用と思われる写真が、法医学の鑑定などの結果、本人である可能性が極めて高いことが判明。後に警察庁も同様の結果を示した。同様の写真がもう一枚ある。元工作員安明進氏が「金正日政治軍事大学の会議場横の卓球場で目撃した」と証言。このほか未確認の目撃情報なども存在する。

※昭和四十（一九六五）年に失踪した新潟県青海町（現在糸魚川市）の藤田進さんとは同姓同名の別人。

◎拉致濃厚

二月十一日　警察発表　村尾智彦（長崎市内の大学生だったがこの日札幌から手紙が届きその後行方不明・当時十九歳）

四月　警察発表　成井賢二（東京都内の下宿先を出て失踪・当時二十七歳）

五月　警察発表　高橋治雄（東京都葛飾区の自宅を出て失踪・当時三十一歳）

六月十六日　布施事件（工作員逍昌朝逮捕）

六月二十四日　警察発表　井上英治（佐賀県肥前町ー現在唐津市ーの自宅に電話した後行方不明・当時二十二歳）

六月　黒田佐喜子（後によど号犯の妻）日本から出国
七月頃　警察発表　松下恵利子（東京都新島の海岸で行方不明・当時二十二歳）

福留　貴美子（ふくとめ　きみこ）

昭和二十七（一九五二）年一月一日生れ。失踪当時二十四歳。東京都渋谷区に居住。高知県出身。高校卒業後、警備会社に就職。警備会社から大阪万博や東京品川区の貿易会社「ユニバース・トレイディング」（渡辺秀子、高敬美・剛の拉致の舞台となった北朝鮮のダミー会社）が入居するビルなどに派遣された。

昭和五十一（一九七六）年七月モンゴルに行くと言い残して出国後、消息不明となった。モンゴルに旅行に行くつもりだったものの、騙されて北朝鮮に連れて行かれたと見られる。旅券申請の渡航先の欄には「スウェーデン」と書かれていた。

北朝鮮でよど号ハイジャック犯である岡本武と結婚。昭和五十五（一九八〇）年三月九日に一度日本に入国し、横浜市の友人宅に二泊している。その後「大阪へ行ってから田舎に帰る」と告げ、新横浜駅まで見送りを受けたが、実家には姿を見せなかった。同年六月二十四日に大阪国際空港（伊丹）から出国した記録が残っているが、本人の意志ではなかったと思われる。

一九八八年夏に土砂崩れで死亡したとされるが、生存情報もある。二人の子供がおり、長女は平成十四（二〇〇二）年九月十日に日本に帰国している。
◎救う会認定

高野　清文（たかの　きよふみ）

昭和三十一（一九五六）年十月三十一日生れ。失踪当時十九歳。身長一七二センチ。中肉。血液型A型。丸顔で鼻は低い。口は大きい。眉が濃い。当時電気通信大学二年生で東京都調布市に居住。

昭和五十一（一九七六）年七月三十日午後、大学の寮生合宿先の伊豆諸島神津島（東京都）で行方不明となる。失踪当日は一三時四五分頃に宿を出たことが確認されている。夕刻から消防団、警察などが出て捜索。前日に山へ行くようなことを言っていたので神津島村の天上山を捜索するが発見できず。前日朝から神津島に滞在中だった。同時期に隣の新島でも同様の失踪事件（警察発表松下恵利子さん）が起こっている。

佐賀　直香（さが　なおか）

昭和四十五（一九七〇）年三月二十一日生れ。失踪当時六歳。小学生。血液型A型。左右不明だが臀部に火傷痕。一重まぶた。耳は大きい。

昭和五十一（一九七六）年八月一日午後一時半頃、遊びに行くと言って、花柄のミディのスカートと白いブラウスを着て北海道根室市の自宅を出た。自宅から徒歩一〇分位のところにあるデパートの前で木の枝のようなものを持っていたのを知人が目撃している。近くの海も潜ってもらったが何一つ見つからなかった。

国広　富子（くにひろ　とみこ）

昭和二十七（一九五二）年二月九日生れ。失踪当時二十四歳。身長一五二センチ。体重四八キロ、左こめかみから頬にかけ化粧で隠れるほどのうす茶色のあざ。ざっくばらんな性格。家族思い。失踪当時はグリーンのノースリーブシャツに薄黄色の七分丈のズボン、白いつっかけの軽装。山口県宇部市内の病院に勤める看護婦だった。

昭和五十一（一九七六）年八月二日、夜八時半頃、母親に頼まれ、近所の自動販売機で煙草を買うため、三〇〇円だけを持って宇部市の自宅を出たまま消息不明。新しい病院に勤務し始めたばかり。前述権革氏が、「平壌市の中央党幹部の自宅でのパーティーで、差し入れを持ってきて挨拶を交わした女性に似ている」と証言。また未確認だが、「羅津の外国人宿舎で生活している」との情報もある。
◎拉致濃厚

坂上　良則（さかうえ　よしのり）

昭和二十三（一九四八）年五月二十一日生れ。失踪当時二十八歳。身長一七〇センチ位。やせ形。喫煙。酒は好んで飲み、ほがらかになる方。人付き合いが良く話し好き。普通免許取得。高校卒業後、昭和四十六（一九七一）年四月に叔父の紹介で福島県原町市（現南相馬市）のガソリンスタンドに勤務。同市内に下宿し、徒歩で通勤していた。生まれ育ちは北海道上川郡。

昭和五十一（一九七六）年八月十日、出勤のため普段と変わらずいつも持って歩く手提げバックを持ち下宿を出る。スタンドに出勤していないので叔父から下宿に連絡するが普段通り出て行ったとのこと。北海道の親もとにも連絡があり、両親が下宿先に行き部屋を見ても何も持って出た様子もなく、今にもすぐ帰ってくる状態であった。

十月　警察発表　柄澤康弘（新潟県新潟市内の飲食店を出た後行方不明・当時二十歳）

十月　朝鮮総連・国税庁との間で「五項目の合意」

十月五日　警察発表　印鑰志美子（北海道江差町の自宅に行くといって自営する店を出て行方不明・当時三十四歳）

十月　魚本民子（後に後によど号犯の妻）日本を出国

【昭和五十二（一九七七）年】

一月　姜萎圭事件（在日朝鮮人工作員韓萎圭が韓国で逮捕）

玉井　敏明（たまい　としあき）

昭和二十一（一九四六）年十月十四日生れ。失踪当時三十歳。身長一八五センチ。血液型ＡＢ型。大分県別府市の自宅近くで妻と飲食店を経営。またトラックの修理などをしていた。

昭和五十二（一九七七）年一月三十日夕刻、店を開けたあと、従業員に「ちょっと出てくるから」と言って店を出たまま行方不明。妻はとりあえず急用で何かあったのかもと思い、一か月は待ってみたようだが、その後消息不明。未確認ながら北朝鮮での目撃情報がある。

一月　金子恵美子（後に後によど号犯の妻）日本を出国

二月　警察発表　近江谷栄（神奈川県小田原市の実家から出たまま行方不明・当時二十四歳）

二月　八尾恵（後に後によど号犯の妻・横須賀で活動し逮捕される）日本を出国（香港へ）

布施　範行（ふせ　のりゆき）

昭和二十九（一九五四）年二月九日生れ。失踪当時二十三歳。身長一八〇センチ。やせ型。寡黙でおとなしい。前年に亜細亜大学を卒業し、名古屋市の会社に入社後、研修を経て岐阜支店に勤務したが、その年の十二月に退社。失踪当時は名古屋のプレハブ工事現場でアルバイトとして働く。

昭和五十二（一九七七）年三月、妹に手紙で「沖縄の友人宅に行く」と伝え、本人の写真四枚が同封されていたが、三カ月前に実家で会ったときとは別人の様相をしていた。手紙には二カ月で帰るとあったが、その後何の連絡もない。また預金通帳、印鑑も同封されていた。家族が名古屋市の下宿を訪ねると、家財、布団など全て処分していた。二月までは実家に電話、手紙があった。

◎拉致濃厚

三月　後に「よど号の妻」になる水谷協子、日本を出国（香港へ）

三月　警察発表　星野茂敏（新潟市内の寮を出て行方不明・当時二十六歳）

三月　警察発表　懸樋友重（兵庫県浜坂町の自宅を出て行方不明・当時三十四歳）

吉田　賢光（よしだ　けんこう）

昭和十五（一九四〇）年五月二日生れ。失踪当時三十六歳。小柄で細身。特別上手ではないがスポーツは何でもこなす。前年まで東京都港区で団体職員をしていた。

昭和五十二（一九七七）年三月十二日、「大阪へ向かう」と言い、妹が宮城県の東北本線白石駅改札口まで送ったあと不明。体調不良のため、神奈川県川崎市から次の転居予定地（大阪市）へ向かう前に約三か月間、宮城県柴田町の伯父の寺へ居候。家族が「墓参りがてら実家である岩手へ帰って来い」と言っても来なかった。居候先の伯父の話では何か連絡を待っている様子だったと聞いている。

三月　後に「よど号の妻」になる森順子日本を出国（香港へ）

四月　豊島事件（申栄萬自首）

四月三十日　警察発表　大城善一・伸子（沖縄県豊見城市で家族に二人で旅行に行くと言ったまま行方不明・当時三十三歳と三十一歳）

仲里　次弘（なかざと　つぐひろ）

昭和二十五（一九五〇）年十一月十五日生れ。当時二十六歳。身長一六一～一六二センチ。中肉、色白、髪は直毛で黒い。沖縄出身。集団就職で横浜市の製鉄会社に就職したあと、陸上自衛隊に入隊し、約二年後に除隊。いくつかの職を経て、日産自動車座間工場で季節工として四か月勤務。

昭和五十二（一九七七）年五月から二十日間ほど神奈川県茅ヶ崎市の断食道場に滞在したあと行方不明となる。

平成十四（二〇〇二）年八月、沖縄の姉宅に標準語の男の声で「次弘さんは北朝鮮にいると思います」と不審な電話があった。脱北者と称する人物から「チュウさんと呼ばれる日本人が居た」旨の電話が自宅に入るも未確認。

仲里次弘さんの姉神山磯枝さんのメッセージ

次弘へ
東京の自動車工場へ季節工として就職した貴男は一九七五年十月六日の便りを最後に音信がなくなりました。

神奈川県茅ヶ崎の断食道場からの年賀状で一九七七年五月にそこに入寮したことがわかりました。それ以来、母と私は七回東京や神奈川に行き警視庁や職安、簡易宿泊所等で貴男を尋ねて歩き回りました。

母は貴男の年金を二十年間納めてあります。

希望を持って気を強くもって生きていくください。

必ず会える日がきます。家族は待っています。

新木　章（あらき　あきら）
昭和二十二（一六四七）年十月十六日生れ。失踪当時二十九歳。血液型A型。中肉中背。眼鏡使用。当時黄色のチェックのシャツにジャケット着用。失踪当時は勤務する銀行の東京都の池袋支店から青山の事務部電子計算課へ行き、各支店をオンラインで結ぶための業務をしていた。
昭和五十二（一九七七）年五月二十一日、「昼過ぎに買い物に行く」、また母に「午後六時か七時には帰ってくる」と言って埼玉県川口市の自宅を出たまま行方不明。仕事上の悩み、使い込みなどは全くなく、自殺、家出の原因等は全く存在しない。所持品は財布のみ。財布には運転免許証、クレジットカードが入っていたが、免許証は更新されていないし、カードは使っていない。

◎拉致濃厚

六月二十七日　警察発表　横山貞二（静岡県長泉町の自宅を出て行方不明・当時二十歳）

和智　博（わち　ひろし）

昭和十三（一九三八）年八月十日生まれ。失踪当時三十八歳か三十九歳。身長一五八センチ位。体重五五キロ位。盲腸炎の傷痕。左上の犬歯がプラチナ。当時福岡県朝倉町（現朝倉市）の建設会社に住み込みで作業員として働いていた。

昭和五十二（一九七七）年七月、福岡市内に住む姉が急死したあと、行方不明となる。最後に病院に姉を見舞った折に「遠くなるけどお金になるので行きたい」と言い残していた。昭和四十一（一九六六）年〜四十四（一九四九）年まで四年間、広島市で母と一緒に住んでいた。

七月二十三日　福岡県大島村沖不審船事案（巡視船が北朝鮮工作船を追跡したが逃走）
七月三十日　警察発表　沖本徳二郎（大阪府堺市の自宅を出て行方不明・当時十八歳）
八月二十五日　警察発表　山田國男（鹿児島県鹿児島市の自宅を出て行方不明・当時三十二歳）

鈴木　正昭（すずき　まさあき）

昭和二十七（一九五二）年五月二十九日生れ。失踪当時二十五歳。血液型A型。一年契約で身障者施設の指導員をしていたが、三月に退職して日中友好協会にアルバイトで週四日勤務していた。

昭和五十二（一九七七）年八月三十日の真夜中、元同僚が千葉市のアパートを訪ねたとき、路上で若い女性と話し込んでいた。それ以後の情報なし。

九月一日　警察発表　冨名腰　明（兵庫県内の兄宅を出て行方不明・当時二十一歳）

安村　文夫（やすむら　ふみお）

昭和二十九（一九五四）年九月三日生れ。失踪当時二十三歳。右手か左手かはっきりしないが手の甲に三センチ程度の傷。尹文夫・尹圭錫という名前も使った。

山口県内の県立高校の普通科を卒業後、朝鮮大学校工学部に入学したが、言葉が通じないのと思想的な違和感から一年次に中退。山口県美祢市の実家に帰ったが、仕事がなく、父親と意見の衝突があり、昭和五十二（一九七七）年九月十六日に家を出た。以後外国人登録、運転免許も更新していない。

久米　裕（くめ　ゆたか）

大正十四（一九二五）年二月十七日生れ。失踪当時五十二歳。東京都三鷹市役所で警備員として勤務。

昭和五十二（一九七七）年九月十九日、能登半島の石川県宇出津海岸から北朝鮮に拉致された（宇出津事件）。久米さんを宇出津海岸の旅館まで連れていった在日朝鮮人・李秋吉が外国人登録法違反で逮捕。李秋吉は「北朝鮮工作員から『五十二、三歳の日本人男性で身寄りのない者を北朝鮮に拉致すること。頭の程度は問わない。戸籍謄本を取らせ、九月十九日夜、能登町宇出津海岸で待っている工作員に引き渡せ』と指令を受けた。そして金に困っていた久米さんに近づき、『密貿易を手伝わないか』と騙し、戸籍謄本をとらせて宇出津海岸の旅館まで連れて行き、昨夜、海岸で待っていた北朝鮮の工作員に久米さんを渡した」と自白。東京の李秋吉の自宅から乱数表、暗号解読表等の証拠も押収されたが、「出国時の意思」を久米裕さんから確認できないことを理由に起訴は見送られ、外国人登録法違反でも不処分のまま釈放された。しかしこの事件で当時石川県警は、乱数表の押収と暗号の解読によって警察庁長官賞を受賞している。

◎政府認定

加藤　鈴勝（かとう　すずかつ）

大正十一（一九二二）年二月一日生れ。失踪当時五十五歳。身長一七〇センチ。体重五六キロ。背中に七センチくらいのお灸の痕が二つ。一日一箱位喫煙。趣味は釣り。川釣り道具は特注で小物は自分で作り楽しんでいた。当時愛知県名古屋市で建築家をしていた。

昭和五十七（一九七七）年十月の朝八時頃、名古屋市に住む加藤さんから次女に電話があり、弾んだ声で何か伝えたいという感じだったが、「仕事で出なければならない」と伝えると、「そうか。頑張れよ」と言って電話を切った。その一～二か月後に次女は長男から「父がいない」と連絡を受けた。事件の疑いから警察に届けた結果、空き巣に何度も入られており、三人分ほどの土足の跡があったという。車は自宅に残され、運転免許証、実印、通帳、鍵が机の上にあり、衣服、履物も残されていた。数日後、警察と再度室内の確認をすると、玄関のドアの金具のねじが外されており、鍵付きの箪笥がこじ開けられ、中にあるはずの株券がすべて無くなっていたとのことだった。

十月　警察発表　川上純子（神奈川県二宮町の自宅から行方不明・当時三十七歳）

十月頃　警察発表　高橋猶治（広島県広島市内の自宅から行方不明・当時二十二歳）

十月十五日　警察発表　新昌子（鹿児島県喜界町の自宅から行方不明・当時三十一歳）

十月十七日　島根県浜田港沖不審船事案（北朝鮮工作船を海保巡視船・航空機が追跡するも逃亡）

松本　京子（まつもと　きょうこ）

昭和二十三（一九四八）年九月七日生れ。失踪当時二十九歳。血液型A型。鳥取県米子市内の縫製工場に勤務。

昭和五十二（一九七七）年十月二十一日、米子市内にある自宅近くの編み物教室に行くため夜八時頃に家を出た。普段着で現金も持っていなかったという。この夜、自宅から約二百メートル離れた松林で松本さんと二人の男が話をしているのを近所の人が目撃し、「何をしている」と声をかけた。すると男のうちの一人がこの人を殴り、その直後、片方のサンダルを残したまま二人の男と松本さんは姿を消した。

二〇〇〇に韓国に亡命した元北朝鮮人民軍大尉金国石氏が「一九九六年に清津で会話した」と証言。また前述の権革氏は「明確ではないが、一九七〇年後半頃に平壌の東大院地区にある訓練所で、言葉ができず怒られていた日本人女性に似ている」と証言。また「松本京子さんと思われる人物がいる」とする未確認の情報がある。平成十八（二〇〇六）年、政府に拉致認定された。

◎政府認定

松本京子さんの兄松本孟さんのメッセージ

妹がこの米子からいなくなって四十三年がたとうとしております。月日のたつのは早いもんですが、私をはじめとして家族は本当にこの長い間妹のことを思い、一日千秋の思いでいつ帰るんだろう、いつ帰ってくるんだろうと、そのことだけを思いながら生活をしてずっとやってきました。本当に四十三年たつのかと。マンガのような話ですが、現実に四十三年が過ぎ去っていこうとしています。

私どもとしても、本当にその過ぎ去った中に大事なものも置き忘れ、そして自分たちのやりたいことも忘れてしまった今日がある。ただ過ぎ去ったしまった。本当にむなしい四十三年間過ぎ去ってしまったなと。本当になんとなく悲しい。つまらないような話ですけども、現実に四十三年という長い月日流れてしまった。この長い時間は誰がどうしてもかえられない四十三年だ。いつまでも過ぎたことを悔やんでも前に進むことはできません。四十三年、四十三年として、またそれ以上に苦しい思いをしている人も多数いらっしゃる。そんな人の中にも私どもに力を下さる人もあります。また大勢の人たちも苦しんでるひともあり、私どもが変な欲は言わないようにと思って「ガンバッ」ていこうといまは思っております。

前上　昌輝（まえがみ　まさてる）

昭和三十二（一九五七）年七月十六日生れ。失踪当時二十歳。身長一七三センチ。絵画、書道が得意。写真に興味がある。筋肉質の体格。大けがのため左目がやや小さい。高校卒業後、美大を志望して東京で受験するも失敗。一浪して翌年地元京都を中心に受験するが再び失敗した。

昭和五十二（一九七七）年、「人生修業のために北海道に行きたい」と言って、四月に京都市の自宅を出発し、当面の資金を稼ぐため二か月ほど横浜でアルバイトをして過ごした。六月頃、母に「お金が貯まったので、いよいよ北海道へ行く」と電話をしてきた。北海道に渡り、道庁で紹介を受けた富良野の牧場で四か月ほど働く。およそ三か月後に母に電話で「大学受験を決意した」と話し、十月二十日に牧場を退職。国鉄旭川駅前のホテルに二泊宿泊した。十月二十二日午前十時頃、旭川駅の荷物一時預りにザックを預け、「三日間お願いします」と言って出かけたのが最後で行方不明になった。

◎拉致濃厚

後藤　久二（ごとう　ひさじ）

大正三（一九一四）年二月八日生れ。失踪当時六十三歳。顎のえらが張っている。生真面目な性格。元国鉄職員。

昭和五十二（一九七七）年十月三十日夕刻、身体の具合が悪かった奥さんに代わり、醤油を買いに新潟県上越市の自宅を出たまま消息不明となる。

当時埼玉県に在住していた長女は、国鉄に勤めていた頃は勤務先に毎日同じ道を通い、寄り道もしない、生真面目な姿をよく覚えていたので、母から失踪の電話を受け、すぐに疑問を感じたという。

十月三十日　警察発表　菊地力夫（勤務していた北海道札幌市の会社から退社後行方不明・当時三十一歳）

古都　瑞子（ふるいち　みずこ）

昭和五（一九三〇）年四月八日生れ。失踪当時四十七歳。身長一四八センチ。体重四十五キロ。色白で面長。靴のサイズ二三・五センチ。鳥取県米子市皆生温泉の仲居で歌や踊りに長け、地元ではよく知られていた。通称・洋子（ようこ）。

昭和五十二（一九七七）年十一月十四日午後九時に旅館での仕事を終え、一時帰宅。その後普段着に着替え出かけたまま行方不明。自宅には近く東京へ行くための切符や、ハンドバッグ、現金、常に持ち歩くポケベルも置いたままだった。脱北者が「一九九〇年、清津の外貨食堂の結婚式で歌と踊りを披露してくれた」と証言。最後に会ったときは平成十四（二〇〇二）年二月頃、同人の姑の家の前に住んでいたという。

◎拉致濃厚

横田　めぐみ（よこた　めぐみ）

昭和三十九（一九六四）年十月五日生まれ。失踪当時十三歳。中学一年生。身長一五四センチ。体重四三キロ。中肉・丸顔・色白。笑うとえくぼがあった。三歳からクラシックバレエを習っていた。通っていた新潟市立寄居中学校ではバドミントン部に入り、新潟市の強化選手になる。

昭和五十二（一九七七）十一月十五日夕刻、中学校で部活動のバドミントンの練習を終え、帰宅する途中自宅直近の角で拉致された。警察は失踪当初から拉致と気付いていたが、その後二十年間は通常の失踪であるとして隠蔽された。

北朝鮮は「一九九三年に自殺した（のちに九四年と訂正）」として平成十六（二〇〇四）年に「横田めぐみの遺骨」とするものを日本に渡してきたが、別人のＤＮＡが検出された。また「死亡年」のあとに生存情報や目撃情報が相次いでいる。

前述安明進氏（韓国に亡命した元工作員）が「金正日政治軍事大学での労働党創建記念日行事及び訓練成果の表彰式のとき大会議場で見たと証言。また蓮池薫・祐木子夫妻、地村保志・富貴恵夫妻も「一九九四年にめぐみさんと会った」と証言している。北朝鮮側は「結婚し、女児を出産した」として数枚の写真を提示したが、写真は偽造されたものとする見方もある。
◎政府認定

横田めぐみさんの母横田早紀江さんのメッセージ

北朝鮮に拉致されたまま、四十三年間も日本に返してもらえないめぐみちゃんへ

めぐみちゃん！

寒い厳しい北朝鮮にいる四十三年間。どうしているのか、とかわいそうでなりません。あの海岸近くの自宅の直ぐ側でパッと煙のように消えてしまっためぐみでした。

新潟の海は今も変わらない美しさで波立っていますが、私達家族にとってはたまらなく悲しい海になりました。

日本中の心ある人達と家族はみな立ち上がって、多くの被害者救出の為に頑張ってきました

が、帰国した三家族以外の姿も情報も全く見えず、情けない思いです。ウンギョンちゃん家族や他の被害者の方々と、帰国する人、皆、待っています。

身体を大切にして希望を捨てず、もう少し頑張ってくださいね。

祈っています。


横田めぐみさんの弟横田拓也さんのメッセージ

めぐみちゃんへ
長くそして苦しい毎日を過ごさせてしまって本当にごめんなさい。両親はもちろん、私も哲也もめぐみちゃんが日本に戻って来られるよう必死に訴えています。それでもなお四十年以上も助けてあげられなく、謝るしかありません。
北朝鮮による日本人拉致事件を国際社会に深刻な人権問題として訴え、世界各国の理解も高まっています。拉致された拉致被害者が日本人だけではなく多くの国に跨る残忍な犯罪である事を世界は厳しい目で注視しています。そして今や二五〇〇万人の北朝鮮国民も被害者である事も問題視し、世界は北朝鮮に厳しく向き合っています。必ず再会出来る事を信じ、めぐみちゃんが日本の地を再び踏む事が出来るよう動き続けます。両親も私も哲也もめぐみちゃんを抱きしめる日を夢見ています。どうかもう少し頑張って下さい。必ず助け出します。

金武川　栄輝（きんがわ　えいき）

昭和二十六（一九五一）年二月九日生れ。失踪当時二十六歳。身長一六四センチ。体重六四キロ。血液型A型。右目か左目かのどちらかの白目に米粒半分位の茶色の斑点があった。バレーボールが得意で中学校で指導していた。煙草は二日に一箱くらい。機械をいじるのが好き。趣味はレコード鑑賞。沖縄県中頭郡与那城村（現うるま市）に居住。漁船第八協洋丸甲板員。

牧志　孝司（まきし　たかし）

昭和十二（一九三七）年十一月九日生れ。失踪当時四十歳。沖縄県中頭郡与那城村（現うるま市）に居住。第八協洋丸船長を務めていた。

田島　清光（たじま　せいこう）

昭和六年（一九三〇）年五月十九日生れ。失踪当時四十六歳。身長一七四センチ。体重七一キロ、煙草好き。海にいると色黒だが海から離れるとすぐ白くなる。十九トンまでの機関長の資格。当時は沖縄県那覇市に居住。

第八協洋丸漁労長。

儀間　隆（ぎま　たかし）

昭和十七（一九四二）年十月二日生れ。失踪当時三十五歳。身長一七〇センチ。沖縄県那覇市に居住。第八協洋丸甲板員。

警察発表　米蔵武男（第八協洋丸船員・当時三十八歳）

◇第八協洋丸失踪について

昭和五十二（一九七七）年十一月八日にマグロはえなわ漁船第八協洋丸（一九・九トン）は沖縄県那覇市の泊港を出航。波照間方面で操業後、十八日宮古島の平良漁港に入港。二十四日平良港で燃料を補給し出航。船長・漁労長の話では北緯十度くらいまで下がって漁をすると言っていた。十二月二十日頃帰る予定が戻らず、行方不明となる。第十一管区海上保安本部が海、空から捜索したが、船影、浮遊物など手がかりは全くなかった。

【昭和五十三（一九七八）年】

昭和五十三年頃　警察発表　杉山朋也（神奈川県小田原市の自宅から行方不明・当時三十八歳）

一月三十日　警察発表　佐藤幸治（北海道函館市の自宅を出て失踪・当時二十五歳）

一月　韓国人女優、崔銀姫が香港で拉致される

三月十五日　警察発表　武富昌子（佐賀県唐津市内で行方不明・当時十八歳）

四月初旬　警察発表　兼井仲由（大阪市内の自宅を出て行方不明・当時三十歳）

五月　警察発表　松澤清子（神奈川県横浜市の自宅を出て行方不明・当時三十五歳）

五月頃　警察発表　馬場敏壽（長崎県島原市の自宅を出て行方不明・当時十八歳）

田口　八重子（たぐち　やえこ）

昭和三十（一九五五）年八月十日生れ。失踪当時二十三歳。当時東京都池袋の飲食店に勤める。

昭和五十三（一九七八）年六月、東京都新宿区高田馬場のベビーホテルに三歳と一歳の幼児を預けたまま拉致された。昭和五十六（一九八一）年七月から五十八（一九八三）年三月まで、大韓航空機爆破事件の犯人金賢姫の日本人化教育係を務める。北朝鮮では「李恩恵」と呼ばれた。北朝鮮側は「原敕晁（大阪市の中華料理店店員で、昭和五十五（一九八〇）年に宮崎県から拉致された）さんと結婚し、交通事故で死亡した」などと説明したが、証拠は提示されていない。

◎政府認定

田口八重子さんの兄飯塚繁雄さんのメッセージ

北朝鮮で日本への帰国を待ち焦がれている田口八重子へ

八重子の一番上の兄「あんちゃん」の繁雄ですよ。一九七八年六月に池袋から北朝鮮に連れて行かれてから四十年余りの時が過ぎてしまいました。本当に長い間助けてあげられなくてごめんなさいね。今も厳しい環境の中で日々の生活を余儀なくされていると察します。日本では二十年前から北朝鮮による拉致被害者を帰国させるため、あらゆる分野で活動をしてきました。政府は対策本部を設置し、内外の啓発活動や北朝鮮を含めた外交活動を、議会では被害者救出に繋がる法案作り、地方自治体では地元の被害者を中心とした啓発や要請書提出、また他の任意団体では、全国の救う会、調査会で啓発活動や署名活動、調査活動を精力的に進めています。そして近いうちには拉致被害者を返すための、日朝会談が催されそうな気配が感じられます、期待しています。

八重子が帰れる日を待ち焦がれながら、必死に頑張っている姿が目に浮かびます。残された耕一郎、彩は元気で「お母さん」が帰ってくるのを待っています。早く逢えるといいね。

田口八重子さんの三番目の兄本間勝さんのメッセージ

アンニョウハセヨウ　飯塚八重子さんへ

私は八重子の兄の東京・十条に住んでいる勝です。
あなたの叔父さん、本間亀次郎、叔母さん緑さんを覚えていますか。
あまりにも長い年月が過ぎてしまいなくなってしまいましたが、しかし住んでいた家はそのままでですよ。

あなたの身体の健康具合はいかがですか？　寒い北朝鮮のどこかで頑張って生活していると信じているからね。八重子の姉の羽生の正子や川口の栄子も元気で居ます。川口の兄の進ちゃんは七二歳で亡くなってしまったけど、繁雄兄ちゃんは八〇歳を過ぎたけど、八重子の救出活動や北朝鮮に拉致された全被害者救出運動で頑張っているし、八重子の息子耕一郎も彩も元気で、彩には結婚して子供もいますよ。つまり八重子はお婆ちゃんだよ。

北朝鮮を巡る国際情勢も変わりつつあります。アメリカのトランプ大統領と金正恩との米朝交渉二回めが二月に始まる予定です。日本もあらゆるチャンスをつかまえて日朝交渉を行なおうとしています。

希望を持って、もうすぐ春です。八重子頑張れよ！

北朝鮮が国際社会の責任ある国になるために、全拉致被害者を即刻解放せよ！

六月　元朝鮮学校教員であった朝鮮青年同盟幹部の指示により、大量のコカインをタイから日本国内に持ちこもうとした在日朝鮮人青年が、成田空港で逮捕される。青年の逮捕後、同幹部は行方不明となった。

田中　実（たなか　みのる）

　昭和二十四（一九四九）年七月二十八日生れ。失踪当時二十八歳。幼いときに両親が離婚、神戸市内の児童養護施設で育つ。工業高校を卒業のあと、神戸市内のパン製造会社に就職するが退職。失踪直前は同じ児童養護施設出身の金田龍光さん（昭和五十四年失踪）の紹介で市内のラーメン店「来大」でともに勤めていた。

　平成九（一九九七）年一月号『文藝春秋』に、神戸市在住の在日朝鮮人張龍雲氏が、自らが北朝鮮工作機関「洛東江」のメンバーであったことを告白して、同組織の韓竜大と曺廷楽が共謀の上、昭和五十三（一九七八）年六月六日、田中さんをウィーンに連れ出し、モスクワを経由して平壌へ拉致した事を暴露した。韓は彼が勤めていた「来大」の経営者だった。平成十七（二〇〇五）年に政府認定。「平成二十六（二〇一四）年のストックホルム合意以降、北朝鮮側から日本政府に「結婚して平壌で妻子とともに暮らしている」旨の情報が伝えられていたとのことがたびたび報道されている。

◎政府認定

七月　韓国の映画監督申相玉氏、香港で拉致

地村　保志（ちむら　やすし）

昭和三十（一九五五）年六月四日生まれ。拉致当時二十三歳。福井県小浜市で大工見習い。

浜本　富貴恵（はまもと　ふきえ）

昭和三十（一九五五）年六月八日生まれ。拉致当時二十三歳。福井県小浜市で被服店に勤務

【地村保志さん・浜本富貴恵さん拉致事件】

昭和五十三（一九七八）年七月七日、福井県小浜市の国道沿いレストランで夕食後、北朝鮮工作員に拉致される。小浜公園展望台に乗っていた地村さんの軽トラックが残されていたが不自然な置き方であり実際にどこで拉致をされたのかは不明。二人は北朝鮮で結婚し平成十四（二〇〇二）年九月十七日の第一次小泉訪朝で北朝鮮が拉致を認め、翌十月十五日帰国した。北朝鮮に残されていた子供三人は一年半後の平成十六（二〇〇四）年五月二十二日第二次小泉訪朝のとき解放され日本で両親との再会を果たした。

至極　透（しごく　とおる）

昭和二十三（一九四八）年七月二十六日生れ。失踪当時二十九歳。身長一六一センチ。体重六三・五キロ。酒少々。耳の中に中耳炎の手術痕あり。旅行好き。競輪好き。移動式クレーン免許あり。和歌山市の建設会社に勤務。

昭和五十三年（一九七八）七月十三日、和歌山市の会社の寮に同日付けまでの日記を記入した手帳のほか、船員手帳・年金手帳・健康保険証・定期積み立て預金通帳、実印・アルバムなどを残したまま失踪。手帳にはアリランの歌詞を記入していた。

蓮池　薫（はすいけ　かおる）

昭和三十二（一九五七）年九月二十九日生れ。拉致当時二十歳。東京都に居住。中央大学法学部三年生。

奥土　祐木子（おくど　ゆきこ）

昭和三十一（一九五六）年四月十五日生れ。拉致当時二十二歳。新潟県柏崎市に居住。化粧品会社の美容部員。

【蓮池薫さん・奥土祐木子さん拉致事件】

昭和五十三（一九七八）年七月三十一日、夏休みで柏崎市の実家に帰省中の蓮池さんと奥土さんは同市の中央海岸近くの図書館に蓮池さんの自転車を残した後拉致された。二人は北朝鮮で結婚し平成十四（二〇〇二）年九月十七日の第一次小泉訪朝で北朝鮮が拉致を認め、翌十月十五日帰国した。北朝鮮に残されていた子供二人は平成十六（二〇〇四）年五月二十二日第二次小泉訪朝のとき解放され日本で両親との再会を果たした。

八月　拉致されていたレバノン女性二人がクウェート大使館に逃げ込む

市川　修一（いちかわ　しゅういち）

昭和二十九（一九五四）年十月二十日生れ。失踪当時二十三歳。電電公社（現ＮＴＴ）職員。

◎政府認定

増元　るみ子（ますもと　るみこ）

昭和二十八（一九五三）年十一月一日生れ。失踪当時二四歳。鹿児島市内で事務員として勤務。

◎政府認定

【市川修一さん・増元るみ子さん拉致事件】

昭和五十三（一九七八）年八月十二日、交際中の市川修一さんと増元るみ子さんは、「夕日を見に行く」と言って市川さん所有の車で鹿児島市内を出発し失踪した。車は鹿児島県日置郡（現日置市）の吹上浜キャンプ場駐車場で発見されたが車はロックされ、助手席には増元さんの手提げバックとカメラが置いてあった。バックの中にはサングラス・財布・化粧道具などが残され、車内は荒らされた形跡がなかった。また近くに市川さんが履いていたサンダルの片方が残されていた。カメラには吹上浜に行く直前にさつま湖で撮影された写真が六枚写っていた。

北朝鮮側は入国後の昭和五十四（一九七九）年四月に二人が結婚し市川さんは同年九月海水浴中に心臓麻痺で死亡し、増元さんは昭和五十六（一九八一）年に病死したと説明したが、以下のような矛盾が次々と明らかになっており信憑性は低い。

市川さんについては、前述安明進氏が「金正日政治軍事大学の会議場横の卓球場で、同席した学生が会話した」と証言。また金国石氏は著書『拉致被害者は生きている』（平成十六年一月刊）の中で平成二（一九九〇）年七月から平成四（一九九二）年八月までの間、馬東熙大学の偵察指揮課程で日本語を教わった教官が市川さんで会話も交えており増元さんについてもこの教官の夫人であると書いている。

蓮池（奥土）祐木子さんは昭和五十四（一九七九）年十月まで招待所で増元さんと一緒に生活していたと語っており北朝鮮が発表した結婚の時期とも矛盾する。

曽我　ミヨシ（そが　みよし）

昭和六（一九三一）年十二月二十八日生れ。拉致当時四十六歳。工場勤務。

◎政府認定

曽我　ひとみ（そが　ひとみ）

昭和三十四（一九五九）年五月十七日生まれ。拉致当時十九歳。准看護婦。

◎政府認定

【曽我ミヨシさん・ひとみさん拉致事件】

昭和五十三（一九七八）年八月十二日夕方、二人で新潟県真野町（現佐渡市）の自宅から近所の商店にお盆の買い物に出たまま、行方不明となる。ひとみさんの証言によると、ミヨシさんと買い物をしたあと、三人の男に襲われ拉致された。袋に詰められたあと、小舟で川から海に出て沖で大きな船に乗り換えた。小舟に乗せられるときひとみさんは男性と女性が話している声を聞いたが女性の声は発音から日本人ではないようだったという。ミヨシさんについて北朝鮮側は「未入境」と説明している。一九八〇年代初め、平壌近郊の忠龍里（チュンニョンリ）にある招待所で、拉致被害者の地村保志さん、富貴恵さん夫妻が備え付けの鏡台の引き出しの底板に小さく折りたたんだ「久我良子（クガ ヨシコ） 五〇歳代／一九七八年に革命のために朝鮮に渡ってきた／主人は交通事故で死亡／二六歳の娘がいて、結婚した」などと書かれたメモを見つけ、曽我ミヨシさんである可能性を帰国後に示したという。また未確認だが、在日朝鮮人女性が訪朝した際、駅舎で「日本から来られた？」などと言いながら老女に手を握られた。曽我ミヨシさんに似ていた」との情報がある。

曽我ひとみさんは北朝鮮で脱走米兵のチャールズ・ジェンキンス氏と結婚し平成十四（二〇〇二）年九月十七日の第一次小泉訪朝で北朝鮮が拉致を認め、翌十月十五日帰国した。北朝鮮に残されていた夫と子供二人は平成十六年（二〇〇四）年七月九日に解放されインドネシアのジャカルタでひとみさんと再会し、十八日に家族で日本に帰国した。

曽我ミヨシさんの娘曽我ひとみさんのメッセージ

北朝鮮に居る被害者の皆様へ

寒さ厳しい今冬、どのように過ごしているでしょうか。北の冬はマイナス三十度になることもしばしばあり、おまけに停電も頻繁にありました。被害者の皆様も何十年と工夫をしながら生活してきたことでしょう。体験者でなければ語れないことがたくさんあります。本当に大変な思いをして日々をしのいでいることと思います。

そんな最悪な環境であることを理解しつつ、あえて言わせて下さい。どれだけ厳しい状況下でも、絶対諦めないで下さい。皆様の救出に向けて日本政府、関係機関、関係者が一生懸命取り組んでいます。その日が来る、そして日本で皆様に会えることを願っています。

読者の皆様へ

ある日突然、なんの前触れもなく拉致され、全く知らないところへ連れて行かれたら。その後何十年と家族と離れ離れになったままの被害者。その被害者を取り戻そうと日々奮闘する被害者家族たち。メッセージを載せている一人一人が重ねてきた年月、その悲痛な声を、思いを受け止めて下さい。

拉致問題解決に向け何ができるのかわからない人もいると思いますが、署名活動、集会への参加など何でもいいのです。一人の力は小さいけれど、何十、何百と積み重なれば大きな力になると信じています。

被害者全員が家族の元に帰ってくるまで皆様の応援をよろしくお願いします。

八月十五日　富山県高岡市でアベック拉致未遂事件（政府認定）

加藤（石川）八重子（かとう　やえこ）

昭和十五（一九四〇）年九月二十日生れ。失踪当時三十八歳。身長一五五センチ。体重五五キロ。盲腸の手術痕あり、書道・洋裁の技術がある。当時主婦の傍ら電電公社に勤務していた。

昭和五十三（一九七八）年九月二十二日夜から二十三日の翌朝にかけて、群馬県群馬町（現高崎市）の自宅から失踪した。二人の子供は午後十時過ぎ就寝し、翌日午前五時四十五分ごろ、トイレに起きた長女が母親の部屋をのぞいたら、すでに姿が無かった。身の周りのもの（お金・服・車・運転免許証等）はすべて残っていた。部屋の中に争った形跡はなし。玄関の鍵は開いていた。寝ていた掛け布団が真ん中だけ膨らみ、誰かに引っ張られて出されたという感じで残されていた。

十月　警察発表　福田昭夫（神奈川県川崎市の自宅を出て行方不明・当時五十一歳）

十一月　警察発表　篠岡彰（兵庫県朝来郡の自宅を出て行方不明・当時二十一歳）

十一月　北朝鮮残る二人のレバノン人女性を返還

鵜沢　幹雄（うざわ　みきお）

昭和二十九（一九五四）年十二月一日生れ。失踪当時二十四歳。身長一六五センチ。体重五七〜六十キロ。一見肩ががっちりしているが、少し痩せて見える。笑うと前歯に金歯がちらっと見える。普通運転免許、バイク免許。クリーニングの技術を取得中。趣味はクラシックギター、レタリング、海釣り。中学時代はバスケット部。高校は園芸科を卒業している。会社員（主に営業でトラックにて飲料水の配達）

昭和五十三（一九七八）年十二月十五日、退勤後、千葉県睦沢村（現睦沢町）の自宅に戻り、先輩の車で会社の忘年会のために御宿海岸の民宿旅館へ向かう。着替えも免許証も持たず小銭のみ。泊まりがけだったのでかなりの量を飲んだ。夜十時頃旅館の女ものサンダルを履いて外へ出た。堤防近くで夜釣りをしていた人が、「旅館の方から一人でふらふらと歩いてくる人が

いて、反対側から別な人が一人近寄ってきたので知り合いかと思った。気づいたら二人ともいなかった」とのこと。サンダルは海岸手前の堤防のところにバラバラに脱ぎ捨てられていた。海、山林、さらに県内中を車で探した。新聞の尋ね人やテレビの公開番組などでも手がかりは見つからなかった。

十二月二十三日　警察発表　渡邉弘美（千葉県茂原市の自宅を出て行方不明・当時十六歳）

【昭和五十四（一九七九）年】

金田　龍光（かねだ　たつみつ）

昭和二十七（一九五二）年十二月十六日生れ。失踪当時二十六〜二十七歳。身長一八〇センチ。非常に痩せていた。右小鼻から右目にかけて薄いあざがあった。明るく、社交的で友人が多かった。

幼少の折に両親が離婚し、兵庫県神戸市の児童養護施設に姉と共に預けられる。昭和四十三（一九六八）年に同施設を卒園（田中実さんも同年卒園、ただし田中実さんは高卒で三歳年上）。昭和五十二（一九七七）年頃、田中実さん拉致実行犯、韓竜大が経営する神戸市のラーメン店「来大」に勤務。昭和五十三（一九七八）年には田中実さんを「来大」に紹介し、共に働く。昭和五十三（一九七八）年六月六日、韓竜大の誘いにより、田中実さんがオーストリアのウィーンに出国。それから半年ほどした昭和五十四（一九七九）年、田中実さんからの国際郵便を受け取る。その内容は「オーストリアはいいところであり、仕事もあるのでこちらに来ないか」との誘いであった。田中実さんの誘いを受け入れ、打ち合わせと言って東京に向かったが、以後一切連絡がなく、行方不明となる。平成二十六（二〇一四）年のストックホルム合意以降、北朝鮮側から日本政府に何度も「北朝鮮国内にいて、妻子がいる」と伝達されたことが報道されている。

◎拉致濃厚

一月　梁ダルジン事件（在日工作員が韓国で逮捕）

一月　梁ジョンヒ事件（在日工作員が韓国で逮捕）

一月　警察発表　後藤孝（友人三人と神奈川県横浜市の自宅を出て行方不明・当時二十歳）

一月　警察発表　根本剛（神奈川県横浜市内の自宅を出て行方不明・当時二十歳）

一月頃　警察発表　佐次田　堅（埼玉県川口市で行方不明・当時三十一歳）
一月　警察発表　阪口明寛（大阪府泉南市の自宅を出て行方不明・当時四十三歳）
二月「よど号の妻」魚本民子、日本入国

星野　正弘（ほしの　まさひろ）

昭和三十一（一九五六）年一月十三日生れ。失踪当時二十三歳。身長一七九センチ。ややスマート。喫煙。酒飲む。眼鏡をかけている。

前年末まで働いていた運送会社を辞め、昭和五十四（一九七九）二月二月に新潟県小千谷の実家に里帰りした。そこで「これから東京に行って職を探す」と言って東京に戻ったが、後日東京都内のアパートの大家さんから実家に「もう二か月以上もいない」と連絡が入った。アパートには眼鏡、運転免許証、預金通帳等を置いたまま。部屋は整理されていた。

尾方　晃（おがた　あきら）

昭和三十（一九五五）年十二月十二日生れ。失踪当時二十三歳。身長一六八センチ。体重六〇キロ。右胸部と右背中にリンパ腺炎の縦型の手術痕あり。右手中指第三関節の骨が突起している。当時は京都市内の大学生。レストランのアルバイトをしていた。

前年末に岐阜の実家に帰省した。昭和五十四（一九七九）年二月十三日に預金引き出しの記録があった。三月三十日に叔父が死去し、本人に電話したが連絡つかず。また名古屋に就職していた妹が「会社を退職する前に京都を案内してほしい」と手紙を出したが返事がなかった。翌昭和五十五（一九八〇）年一月、京都市内のアルバイト先から「アルバイト代を払いたいが実家に帰っていないか」と連絡があった。家族が京都市の下宿先のアパートに行くが、荷物、お金はそのまま残っていた。家賃は一年間支払っていなかった。

三月　警察発表　稲田周二（会社の帰りに兵庫県姫路市付近で行方不明・当時三十二歳）
三月　「よど号の妻」魚本民子、名古屋の会社に勤務（～八月）
四月頃　警察発表　箭内直輝（神奈川県横浜市内のアパートから行方不明・当時二十一歳）

川合　健二（かわい　けんじ）

昭和二十二（一九四七）年二月六日生れ。失踪当時三十二歳。身長一五七センチ。体重五五キロ。血液型O型。左利き。趣味は魚釣り。煙草はショートホープを吸っていた。

昭和五十四（一九七九）年四月四日夕方、山梨県内の路上で母子二名に対する人身事故を起こし（被害者は生命に別状なし）、被害者を病院に送り届けたあと自宅に戻ってきた。自宅に「警察が来る」との連絡を受けたあとに家を出て行き行方不明となる。

和田　吉正（わだ　よしまさ）

昭和二十七（一九五二）年十一月十九日生れ。失踪当時二十六歳。身長一六八センチ。体重五五～八キロくらい。血液型O型。人さし指を事故で一センチ弱切断し、爪が少々残っている。趣味はヘラブナ釣り。煙草、酒はビールをたしなむ程度。高校時代柔道初段。髪の毛が少々癖毛。つま先を前にこする様に歩くくせがある。

勤務先である広島県府中市のスーパーマーケットで人間関係がうまくいかず退職しようかと悩んでいるとき交通事故による軽い怪我で三日間入院。退院したが精神的に行き詰まり、失踪前の三月に退職する。昭和五十四（一九七九）年四月十三日、自宅に運転免許証、時計など置いたまま失踪。現金一万五千円がなくなっていた。家族がメモ帳を頼りに電話したところ、同日上京し、東京都新宿区の知人宅に一泊、翌四月十四日の早朝、荷物を置いたまま出て行き帰って来ていないことがわかった。

四月　福留貴美子日本入国（六月まで、東京・横浜へ）

甲斐　一志（かい　かずし）

昭和二十八（一九五三）年二月五日生れ。失踪当時二十六歳。身長一七八センチ。体重七二キロ。右足首上に五百円玉位の火傷痕。飲食店に調理師として勤務。

昭和五十四（一九七九）年五月六日、京都市東山区の寮近くのコーヒーショップに出かけ、そのまま失踪。運転免許証も財布も置いたまま。その後、寮の中の一人と思われる人物から九州の実家に電話があり、「一志君は家に帰っていませんか」との問い合わせで一日一回昼頃に四～五回かかってきた。名前を答えないので「あなたが殺したんじゃないか」と問い詰めると、それっきりかかってこなくなった。

六月　警察発表　阿部尋子（東京都東大和市の勤務先を出て行方不明・当時二十一歳）

六月　警察発表　三國雅三（福岡県福岡市の知人宅から自宅に帰宅途中失踪・当時二十歳）

七月二日　警察発表　堤夏夫（東京都内の自宅から行方不明・当時三十一歳）

寺島　佐津子（てらしま　さつこ）

昭和三十五（一九六〇）年七月二十六日生れ。失踪当時十九歳。血液型O型。左鎖骨の上にほくろが二つ並んでいる。

昭和五十四（一九七九）年八月十日夕方、勤務先である神奈川県大船市の銀行の親睦会で鎌倉の花火大会に行き、午後十時に現地解散。同僚と鎌倉駅で別れて電車に乗り、戸塚駅からバスで帰宅途中行方不明。翌日、戸塚区の自宅近くの草むらからセカンドバッグが発見される。県警は警察犬を使うなど大規模に捜索。セカンドバッグの中には財布・単行本・裁縫道具などが入っていた。

◎拉致濃厚

秋頃　警察発表　石坂美智子（福岡県直方市の自宅を出て行方不明・当時二十五歳）

十月　警察発表　濱野喬一（熊本県熊本市内で兄に「福岡に行く」と言って別れたまま行方不明・当時四十四歳）

十月十日　警察発表　渡辺信行（航空自衛隊の気象観測員として埼玉県内の術科学校に在校中行方不明・当時二十歳）

十月二十六日　朴正熙韓国大統領暗殺

十二月八日　警察発表　石黒昭（北海道札幌市でこの日目撃されたのを最後に行方不明・当時二十五歳）

山田　建治（やまだ　けんじ）

昭和二十四（一九四九）年一月二十二日生れ。失踪当時三十歳。身長一五〇～一五五センチ。中肉中背。運動が好き。英会話が少しできる。

昭和五十四（一九七九）年十二月十八日、勤務先である富山県高岡市のドラム缶工場に車で出勤したまま失踪（未確認だが一週間前に退職していたという説もある）。一週間後、市内の越中国分駅の海側で車がキーをさしたまま放置されているのが見つかる。車内に運転免許証、財布、空の弁当箱が残されていた。またジョギングで使ったと思われるジャージが車の中にあった。
◎拉致濃厚

十二月　警察発表　平本光義（山口県柳井市の自宅を出て行方不明・当時三十七歳）

昭和三十六（一九六一）年までは東京都板橋区に居住していたことがある。また昭和五十四（一九七九）年には戸籍を足立区西新井のアパートに変更している。「朴」を名乗る工作員が小住さんになりすまし（背乗り）ていたことなどが分かり、この男が旅券法違反などの容疑で国際手配されている。小住さんは昭和五十四（一九七九）年か五十五（一九八〇）年ごろ拉致されたと推定される。

のちに警察庁は、昭和五十三（一九七八）年に新潟県柏崎で蓮池透さん・奥土（現蓮池）祐木子さんを拉致した実行犯として朴を国際手配した。

小住　健蔵（こすみ　けんぞう）

昭和八（一九三三）年十月生れ。失踪当時四十七歳か八歳。水産加工工場で働いていたことがある。また旋盤工をしていたこともある。北海道出身。

◎救う会認定

【昭和五十五（一九八〇）年】

阿比留　健次（あびる　けんじ）

昭和二十（一九四五）年二月十六日生れ。失踪当時三十四歳。身長一六五センチ。体重五八キロ位。耳に黒いホクロ。大型・普通・自動二輪・牽引・高圧ガス移動監視者講習修了。煙草、酒、両方ともやる。

大型トラックを所有し、持ち込みで働いていた。昭和五十（一九七五）年の夏、弟が会った以降音信不通。昭和五十二（一九七七）年頃、弟が電話を掛けたが不通。昭和五十五（一九八〇）年一月、警察から家族に「大阪南港近くに車が停めてある」との連絡がある。父と妹が大阪市港区の家に行くと、古い運転免許証があった。

一月　警察発表　吉川麗（神奈川県横浜市在住。勤務先を無断欠勤したまま行方不明・当時二十六歳）

一月八日　産経新聞一面に「アベック三組謎の蒸発」の記事

小久保　稔史（こくぼ　としひと）

昭和二十二（一九四七）年八月一日生れ。失踪当時三十二歳。身長一六三センチ。体重五七キロ。やせ型。浅黒。口の右上に三ミリくらいのほくろ。話し方ややうけ口。歌が上手で演歌を好む。手先は器用だった。当時は機関長として貨物船に乗り込んでいた。

昭和五十五（一九八〇）年、島根県温泉津港を出発し、一月十三日朝、舞鶴港へ入港。その日は日曜日で作業がなかったため、昼食後に同僚と市内へ出る。午後七時、「パチンコ屋の横から」と言って三重県鳥羽市の自宅に電話をした。電話では長女の入学準備の話など普通の口調だった。その後同僚と別れ、行きつけのスナックで飲食し午後十一時に店を出たあと消息不明。船室もそのまま、コートも置いてあった。舞鶴海上保安部、東舞鶴警察署、鳥羽警察署に捜索依頼をする。また家族親戚が舞鶴を捜したが見つからず。次の城島正義さんと状況が酷似している。

◎拉致濃厚

城島　正義（しろとり　まさよし）

大正十五（一九二六）年十月二十六日生れ。失踪当時五十三歳。身長一七二センチ。体重六〇キロ程度。時々老眼鏡を使う。三十四～五歳のときの盲腸手術の痕あり。煙草は一日一本の半分位しか吸わない。酒はビールを一本位。

昭和五十五（一九八〇）年一月二十六日、船員（大型貨物船一級機関士）として乗船。富山県伏木港に船が停泊中、食堂で船員と飲んだ後「先に船に戻る」と言い、食堂の店員が停泊している港まで送ったが、その後行方不明。失踪前まで福島の自宅に本人から毎日連絡があった。

熊倉　清一（くまくら　せいいち）

昭和二十四（一九四九）年十一月七日生れ。失踪当時三十歳。身長一六五センチ。体重四八キロ。血液型ＡＢ型。十二指腸潰瘍の手術痕。近視で時々眼鏡を使用。まじめでおとなしい方だった。喫煙。酒は一合くらい飲んだ。趣味は絵を描くこと。蒔絵師。

昭和五十五（一九八〇）年二月四日、高校時代の友人と福島県会津若松市の自宅から新潟県五泉市の母方の親戚宅へ本人所有の車で向かったが、二人とも行方不明。親戚宅にも行っていない。車も見つかっていない。騒ぎになって会津若松から新潟にかけて阿賀野川の河川沿いを車の落ちたあとなどないか調べたが何もなかった。当時五泉市へ向かう道は積雪があった。

二月二十日　水橋事件　（工作員李龍雨を逮捕）

藤倉　紀代（ふじくら　きよ）

昭和四十二（一九六七）年四月二十九日生れ。失踪当時十二歳。身長一五〇センチ。体重三八キロ。内向的。痩せ型面長。色が黒く、髪を腰まで伸ばしていた。失踪当時はフード付の紺色スモッグに白色セーター。中学校へ入学する直前だった。

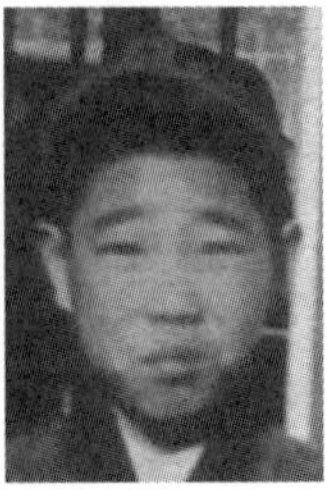

藤倉　靖浩（ふじくら　やすひろ）

昭和四十四（一九六九）年三月十三日生れ。失踪当時十一歳。身長一四〇センチ。体重三〇キロ。中肉で丸顔。色黒。坊主頭。失踪当時はプロ野球の阪急の帽子をかぶり紺色ビニールのヤッケに同色のジーパン、白ズック姿。広島市内の小学校に通っていた。

【藤倉紀代さん・靖浩さん失踪について】

昭和五十五（一九八〇）年三月三十日未明、姉・紀代とともに広島県広島市の自宅から行方不明。三月二十九日午後五時半ごろには勤めに出る母親を玄関で送り出した。翌三十日の深夜午前二時ごろ、母親が帰宅してみるとドアにはカギがかかり、誰もいなかった。部屋にはいつものように母親の布団が敷かれていた。同夜は雨だったが、傘は玄関に置いてあった。

三月十一日及び十四日　京都府経ケ岬沖不審船事案（工作船を巡視船が追跡するも逃走）
四月二十六日・五月十七日　長崎県対馬神埼沖不審船事案（工作船を海保巡視船・航空機が追跡するも逃走）
五月十八日　韓国で光州事件。全国に非常戒厳令

石岡　亨（いしおか　とおる）

昭和三十二（一九五七）年六月二十九日生れ。拉致当時二十三歳。大学生。

昭和五十五（一九八〇）年三月、「パンやチーズの職人になるきっかけを見つけたい」と欧州旅行へ出たが、「八月　ウィーン」の消印がある手紙が、北海道の家族に届いたのを最後に消息不明となる。昭和六十三（一九八八）年九月、亨さんから実家に手紙が届き「事情あって有本恵子さん、松木薫さんと三人で平壌で暮らしている」と伝えてきて拉致が発覚。よど号ハイジャック犯の妻と一緒にスペイン・バルセロナで撮影した写真が残っている。北朝鮮は「一八八五年に有本恵子さんと結婚し、翌年娘が生まれた」また「一九八八年十一月四日の夜、暖房用の石炭ガス中毒で子供を含む家族全員が死亡」と説明しているが、信憑性は低い。チャールズ・ジェンキンス氏が著書で「一九八六年、妻の曽我ひとみさんら四人と平壌の百貨店に買い物に行った際、日本人夫婦を目撃。日本に入国後、その夫婦が石岡亨さんと有本恵子さんの特徴に一致することに気付いた」と記している。

◎政府認定

松木　薫（まつき　かおる）

昭和二十八（一九五三）年六月十三日生れ。当時二十六歳。スペインに渡航する前は京都市の大学院生だった

昭和五十五（一九八〇）年五月ごろ拉致されたと考えられる。松木さんは、昭和五十五（一九八〇）年、スペイン語に磨きをかけるためスペインに留学。留学中にマドリードで消息を絶った。石岡亨さんが実家に出した手紙に松木薫さんの名があり、平壌で有本さんと三人で暮らしていることが判明。北朝鮮は「一九九六年八月二十三日、革命史跡の参観に行く途中、自動車乗車中に運転手の不注意による事故で、運転手とと

もに死亡した」と説明したが、日本に引き渡した「遺骨」が様々な鑑定の結果、別人複数名の骨であることが判明した。

◎政府認定

松木　薫さんの弟松木信宏さんのメッセージ

薫兄ちゃんが、スペインへ旅立ってから、四十年になろうとしています。
あの時小学生だった私は、髪は白髪が増え、五十歳に手が届く年齢になりました。
時が経つのは早いものです。
あの時から時間は止まったままです。
出来うるならば、私もあの頃に戻りたい。
一緒に支えあって親孝行したかったですね。
兄ちゃんはどうですか。
家族みんな、兄ちゃんのことを一日たりとも忘れたことはありません。
離れている兄ちゃんにとって、親孝行とは、元気で生き続けることです。
私達は、兄ちゃんを故郷に連れ帰ることを両親に対する親孝行と考えています。

今もこれからも、そうするべく取り組み続けます。

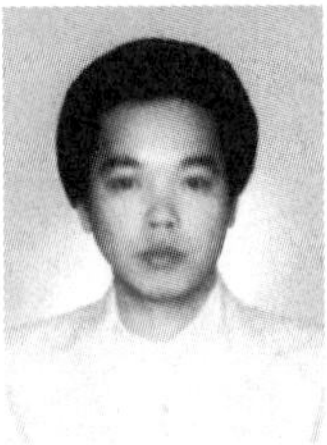

本多　茂樹（ほんだ　しげき）

昭和二十八（一九五三）年八月二十一日生れ。当時二十六歳。色白で目が大きい。北海道札幌市で電話に関する仕事をしていた。

昭和五十五（一九八〇）年五月二十一日、就職のため東京へ行く途中、青函連絡船の中に荷物だけ残し行方不明。北海道警は自殺であろうと言い、家族もそうかと思い仏事も済ませたところ、その後約八か月間、無言電話が札幌市の自宅や弟のところにかかってきた。

原　敕晁（はら　ただあき）

昭和十二（一九八三）年八月二日生れ。当時四十二歳。顔も体も細くいつもうつむき加減で歩く。ときどき眼鏡を着用。

李三俊在日朝鮮人大阪府商工会理事長の経営する大阪市内の中華料理店「宝海楼」の店員をしていた。昭和五十五（一九八〇）年六月頃、北朝鮮工作員辛光洙らによって宮崎県青島海岸から北朝鮮に拉致された。その後辛は原さんになりすまし、パスポート、運転免許証、国民健康保険証まで取得。昭和六十（一九八五）年二月、辛は原さん名義のパスポートを持って韓国に入国し逮捕され、韓国当局の取り調べによって原さんの拉致事件が明らかになった。北朝鮮側は「田口八重子さんと結婚した。一九八六年七月、肝硬変のために亡くなった」などと日本側調査団に説明したが、不自然なことが多く信憑性は低い。

◎政府認定

六月十一日　兵庫県余部埼沖不審船事案（工作船を海保巡視船が追跡するも逃走）

六月十二日　磯の松島事件（工作員李基吾・黄博を逮捕）

八月一日　警察発表　冨田弘子（大阪市内の自宅から行方不明・当時二十三歳）

八月　「よど号の妻」水谷協子、日本入国（九月まで）

十月　警察発表　小山栄一（東京都港区の実家を出て行方不明・当時三十歳）

十月　警察発表　矢島文男（埼玉に住んでいた甥の家を訪ねて以来行方不明・当時四十歳）

十月　朝鮮労働党第六回大会、金正日が金日成の後継者として承認される

【昭和五十六（一九八一）年】

一月　警察発表　住本豊成（兵庫県姫路市の自宅を車で出たまま行方不明・当時三十歳）

一月十日　警察発表　泉元元次（大阪府忠岡町の自宅を車で出たまま行方不明・当時三十四歳）

一月　「よど号の妻」森順子、黒田佐喜子、日本入国

二月　警察発表　弓場比登美（奈良県橿原市の自宅を出て行方不明・当時十四歳）

三月　警察発表　赤田清隆（新潟県長岡市のアパートから行方不明・当時二十二歳）

三月　伏木国分寺事件（富山県高岡市で職質を受けた工作員姜正彦がサウナから飛び降り自殺）

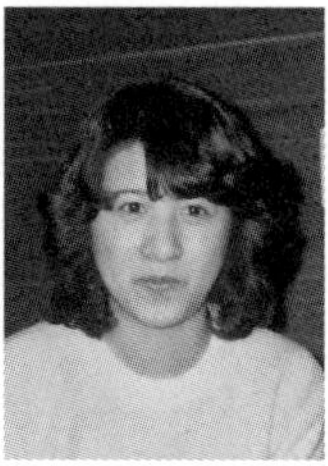

長尾　直子（ながお　なおこ）

昭和三十五（一九六〇）年十月二十五日生れ。当時二十歳。身長一五五センチ。体重四五キロ。血液型O型。コンタクトレンズ使用。前歯二本ほど差し歯。当時北海道札幌市の自動車学校で受付事務をしていた。

昭和五十六（一九八一）年三月十六日、いつも通り勤務先に近い自宅を出勤したが、すぐに傘を取りに引き返してきた。会社に着いたと思われる頃、会社から「出勤していない」と連絡。普段は会社から日に一、二回電話してくる。夜になっても連絡なし。身の周りのものは手つかず。預金を下ろしたりもしていない。

◎拉致濃厚

永本　憲子（ながもと　のりこ）

昭和三十九（一九六四）年十月二日生れ。当時十六歳。身長約一六〇センチ。血液型AB型。近眼で眼鏡使用。剣道をやっていた。高知県宿毛市の高校に通学（二年生）

昭和五十六（一九八一）年五月十日午前十時三十分頃、高知県宿毛市の公民館前バス停で、叔父が見かけて声をかけたところ「もうすぐバスが来るから宿毛に行く」と言っていたらしい。所持金は、現金二万円と、郵便貯金通帳（残高約五万円）のようだったが、その通帳から現金を下ろした形跡はなかった。

西村　三男（にしむら　みつお）

昭和三十七（一九六二）年五月二十六日生れ。失踪当時十八歳か十九歳。中学・高校時代は野球部に所属。

昭和五十六（一九八一）年五月のゴールデンウィーク後、熊本県宮原町（現氷川町）の実家から山口市の会社（住宅メーカー）に戻り、会社寮から工場へ移動中失踪。原付免許も寮に置いたまま、住民票もそのまま。会社の記録では五月下旬から欠勤となっている。

安達　俊之（あだち　としゆき）

昭和三十八（一九六三）年一月十六日生れ。失踪当時十八歳。身長一六八センチ。中肉中背。アユ釣りが好き。開業を控えた石川県金沢市のホテルに勤務していた。

昭和五十六（一九八一）年六月二十日、同僚女性を自宅まで送ると言って石川県鶴来町（現白山市）の友人宅を自身の車で出たまま二人とも行方不明。二十二日か二十三日、勤務先の会社から自宅に「無断欠勤している」と連絡を受け、両親は失踪に気づいた。

六月の給料を取りに来ておらず、通帳も印鑑もまとまった金銭も持っていない。自動車も見つかっていない。二十八日夕方、石川県の自宅に幼い女の子のようなたどたどしい言葉で「俊之つかまっているよ」という電話があった。その十分ほど後に再び無言電話があった。拉致被害者で平成十四（二〇〇二）年に帰国した地村保志さんが帰国後、安達さんの高校時代の写真を見て、「北朝鮮でよく似た人を見た」と父親に話し、「平壌の売店で、夫婦だった。監視がついていたので話すことはなかったが、何度も目撃している」と話したと言われている。

◎拉致濃厚

六月二十四日　日向事件（工作員黄成国を逮捕）

七月三日　警察発表　小林敏孝（千葉県大網白里町の勤務先を出て行方不明・当時三十三歳）

七月十三日　警察発表　工藤和広（岩手県内で「知人に会う」と言い残し行方不明・当時十八歳）

七月十三日　警察発表　武田直美（岩手県内で知人に「友人と待ち合わせている」と言い残し行方不明・当時十八歳）

上田　俊二（うえだ　しゅんじ）

昭和六（一九三一）年十一月二十日生れ。失踪当時四十九歳。身長一七四センチ。英語の読解はかなりできた。しばらく出版社に勤務し翻訳業に携わる。退職後、医療関係の英訳をしていた。

昭和五十六（一九八一）年七月十四日、誰かから電話があり、東京都日野市の自宅を出かけたまま行方不明。後に家主から静岡県浜松市の兄に手紙が送られ「月末に家賃を届けるのに来ないので見に行ったら、一週間分の新聞が入っており心配になり連絡した」とのこと。兄が一週間後に確認に行くと、通帳、パスポートなどはそのままだった。失踪後、会社の後輩宛に北朝鮮の金正日を賛美する内容の小冊子数種類が小包で送られてきた。

七月二十三日　六郷事件（工作員高徳煥を逮捕）
八月五日　男鹿脇本事件工作員三人が職質受け逃亡しうち一人を逮捕）
八月六日　石川県舳倉島沖不審船事案（工作船を海保巡視船と航空機が追跡したが逃亡）

横山　辰夫（よこやま　たつお）

昭和二十七（一九五二）年九月六日生れ。失踪当時二十九歳。わずかに色弱。読書好き。

横浜市で重機メーカー下請け工場に勤務していたが、昭和五十六（一九八一）年、「米軍横須賀基地に転職するため、戸籍が必要なので送ってほしい」と長崎の実家に連絡があった。十一月十八日、家族が友人宅に戸籍を送った直後に連絡が途絶えてしまい、以後行方不明になった。

十一月十八日　警察発表　南　嘉陽熊（鹿児島県与論町で手こぎボートで釣りに出たまま行方不明・当時五十八歳）

十二月　警察発表　木厚創八郎（研修滞在中のノルウェーで行方不明・当時二十九歳）

辻　與一（つじ　よいち）

昭和二十四（一九四九）年二月六日生れ。失踪当時三十二歳。身長一七〇センチ位。メガネをかけている。時々顎をはずすことがある。三重県桑名市で高等学校英語教諭をしていた。

昭和五十六（一九八一）年十二月五日に失踪したと思われる。十二月四日から七日まで休暇をとっていたが、八日に勤務している学校に来ないので、校長が家族に連絡してきた。アパートの部屋はそのままの状態で、食べかけのパンとコーヒーがあった。また貯金箱のお金が散らばっており、預金通帳も残っていた。金が引き出された痕跡もなかった。十九日に名古屋市で開催予定のクラシック・コンサートのチケットが残っていた。

◎拉致濃厚

【昭和五十七（一九八二）年】

一九八二年　金チャンホ事件（在日朝鮮人工作員金チャンホが韓国で逮捕）

鈴木　清江（すずき　きよえ）

昭和三十三（一九五八）年三月二十七日生れ。失踪当時二十三歳。身長一五六センチ。体重四十三キロ。血液型O型。顔は丸顔。静岡県袋井市の会社に事務職として勤務。

昭和五十七（一九八二）年二月五日夜八時半頃、静岡県袋井市の路上で

車を停め、本人と見知らぬ男が立っているのを母と姉が目撃したのを最後に行方不明となる。その夜遅く、道路横の空き地に本人の車が鍵をかけた状態で停まっていたのを母が見つける。車内にバッグはなく、財布と買い物したものが残されていた。

三月二十二日　警察発表　河嶋　功一（神奈川県横浜市の下宿から就職のため実家の静岡県浜松市に戻る途中行方不明・当時二十三歳）

三月　辛光洙・「原敕晁」名義パスポートで出国

堺　弘美（さかい　ひろみ）

昭和三十四（一九五九）年十月二十二日生れ。失踪当時二十二歳。身長一五〇センチ位。血液型A型。右下腹部に盲腸の手術痕。明るく面倒見が良い。特技は柔道。日中は美容学校で勉強しながら夜は飲食店で働く。

昭和五十七（一九八二）年四月二日失踪。失踪数日前、都内の実家の母に電話し「新宿区の自宅アパートを引き払って、母の住む杉並区に移り住む」と連絡があった。ところがその数日後に再び電話で「やはりもう少しこちらに残る」と母に告げる。その後職場から電話で、「弘美さんが仕事に来ていない。これまで無断欠勤したこともなかったのだが」という連絡が母に入る。自宅アパートへ行ってみると、部屋は普段の生活をしている状態だった。

転居の準備をしていたようにも見えず、不動産屋にも転居の話はしていなかった。預金通帳は残されていたが、財布はなくなっていた。

六月　李スンウ事件（在日朝鮮人工作員李スンウが韓国で逮捕）

六月十九日　山口県長門市青海島に工作員李相圭らが侵入。海岸で待機していた工作員を回収

八月上旬頃　警察発表　村田栄一（大阪府藤井寺市のアパートから行方不明・当時三十一歳）

九月　「よど号の妻」魚本民子、松田洋子名で川崎市内のアパートに居住（～昭和五八年七月）

永山　正文（ながやま　まさふみ）

昭和三十四（一九五九）年一月七日生れ。失踪当時二十三歳。身長一六五センチ。近眼で眼鏡は必需品。天然パーマ。東京都庁労働経済局に勤務。

昭和五十七（一九八二）年九月十八日、東京都東大和市の自宅から「出勤する」と告げて自宅を出たまま行方不明となる。

十月二十五日　警察発表　福本和光（埼玉県入間市の会社寮を出て行方不明・当時二十七歳）

野田　福美（のだ　ふくみ）

昭和九（一九三四）年十一月五日生れ。失踪当時四十七歳。身長一六一センチ。体重五五キロ。無線通信士。喫煙。酒は少々。がに股歩き。漁船員。

昭和五十七（一九八二）年十月二十八日失踪。自身の「恵宝丸（九トン）で島根県美保関の漁港を出港。失踪当日は北海道礼文島で十艘の船団を率いる団長としてイカ漁をしていた。海は穏やかで無線にて僚船と夜十時半頃まで無線交信をしたあと消息不明。長靴、合羽等は身に着けていない。翌二十九日、サンダルが片方ずつ違うものが残り、点灯・操業状態のままの船が発見される。転落したものと見て海保のヘリや、礼文島の人、僚船が丸一日捜索して見つからず。行方不明の前、電話で自宅の妻に「漁は終わりにして帰路に着く」と告げていた。お土産、燃料代の精算も袋に入れて船に残されていた。幾度かシケにあい、人命救助の経験もあるので溺れたとは思えない。

藤山　恭郎（ふじやま　やすろう）

昭和三十五（一九六〇）年一月十三日生れ。失踪当時二十二歳。血液型B型。

昭和五十七（一九八二）年十二月十四日、居住していた大阪から熊本の実家に手紙が来て、それ以来音信不通。その年の夏、実家に帰省中「大学を中退したい。郵政省の試験を受けたい」などと話していた。失踪後約一年間、呼び鈴が二～三回鳴りすぐ切れる電話があった。一度、父親が出ると声が聞き取れずすぐ切れた。

【昭和五十八（一九八三）年】

一月　警察発表　伊藤義男（神奈川県相模原市の自宅を出て行方不明・当時四十四歳）

三月　警察発表　武田　祥一郎（新潟県新潟市内で目撃された後行方不明・当時四十八歳）

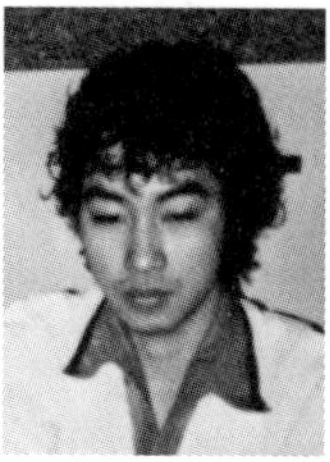

原　哲也（はら　てつや）

昭和三十七（一九六二）年五月二十二日生れ。失踪当時二十歳。身長一五八センチ。体重四二キロ。両手の親指がしゃもじ型、胸に縦十センチ位のキズあり、左足の太ももに手のひら大のおできの痕。喫煙飲酒少々。趣味は将棋、機械いじり。スポーツはボーリング。

昭和五十八（一九八三）年三月初め、友人と二人で沖縄に行った。知人宅に寄ったあと、一人で出かけたまま消息不明。食品会社を退職し千葉県市川市の会社寮から江戸川区に転居したばかり。

濱端　俊和（はまばた　としかず）

昭和三十四（一九五九）年九月十日生れ。失踪当時二十三歳。身長一五五センチ。体重五〇キロ。左顎下にアザ。スポーツは野球、サッカー。普通自動車免許。足場組立解体技能講習修了証。原子力発電所機器等の点検整備で沖縄の会社から神奈川県横浜市の会社に研修で来ていた。

昭和五十八（一九八三）年、美浜原発の定期点検を終え、三月末に一旦横浜市鶴見区の会社倉庫で工具を積み込み、同僚とともに再び福井県敦賀市に赴く。四月十日、敦賀発電所の定期点検を前に、寮をタクシーで出かけたのを最後に行方不明（のちに敦賀駅前にてタクシーを下車したことが判明)。ジャンパー姿で、寮に残された荷物(運転免許証、預金通帳、保険証など)は一切置いたまま。また広島の友人に預けていた車もその後手がつけられていない。

五月以降　警察発表　柴山　修(愛知県に居住。職場に出勤せずそのまま行方不明・当時二十一歳)

六月十九日　警察発表　黒木節男(宮崎県日向市駅に車で友人を送った後行方不明・当時十九歳)

六月　金正日が中国を非公式訪問

八月　徐聖壽事件(在日朝鮮人工作員徐聖壽が韓国で逮捕)

有本　恵子(ありもと　けいこ)

昭和三十五(一九六〇)年一月十二日生れ。失踪当時二三歳。神戸市出身で神戸外国語大学学生。

昭和五十八(一九八三)年八月九日、ロンドンでの語学留学から帰国する予定の日に「仕事が見つかる　帰国遅れる　恵子」という電報が神戸市の実家に届いた。その後十月中旬にデンマークのコペンハーゲンから手紙が実家に届いたのを最後に音信が途絶える。昭和六十三(一九八八)年九月六日、札幌市出身の石岡亨さんから北海道の実家に届いた手紙で恵子さんが北朝鮮にいることが分かった。手紙には有本さん・石岡亨さんの写真や住所と松木薫さんの名前などが書かれていたという。この手紙に有本恵子さんと石岡亨さんの間にできた子供と推定される乳児の写真が添えられていたことが分かった。

北朝鮮側は「北朝鮮で石岡亨さんと結婚し、女児をもうけた」「暖房用の石炭ガス中毒で子どもを含む家族全員が死亡」と日本側に説明したが、死亡に関する情報の信憑性は極めて低い。チャールズ・ジェンキンス氏が著書で「一九八六年、妻の曽我ひとみさんら四人と平壌の百貨店に買い物に行った際、日本人夫婦を目撃。日本に入国後、その夫婦が石岡亨さんと有本恵子さんの特徴に一致することに気付いた」と記している。

◎政府認定

十月九日　ラングーン事件（ビルマのラングーン、現在ミャンマーのヤンゴンで北朝鮮工作員が韓国全斗煥大統領を爆殺未遂）

松本　重行（まつもと　しげゆき）

昭和十（一九三五）年七月二十五日生れ。失踪当時四十八歳。身長一六五センチ。体重約五五キロ。喫煙。コーヒーが好き。趣味はカラオケ、囲碁、将棋。漁業を営みながら漁協の職員でもあった。

昭和五十八（一九八三）年十月十七日夕方、京都府舞鶴市の海上でカニの刺し網漁のため出港し、行方不明となった。無人で漂流する船が発見され、大掛かりな捜索で本人を探したが、何も発見されなかった。海は凪いでいた。

◎拉致濃厚

十月二十四日　警察発表　佐々木ハルヱ（青森県十和田市の自宅を出て行方不明・当時三十九歳）

十一月十一日　第十八富士山丸事件（北朝鮮に寄港した貨物船第十八富士山丸に潜入した北朝鮮兵士が日本に亡命を求め、再度北朝鮮に行った同船が船員ごと抑留）

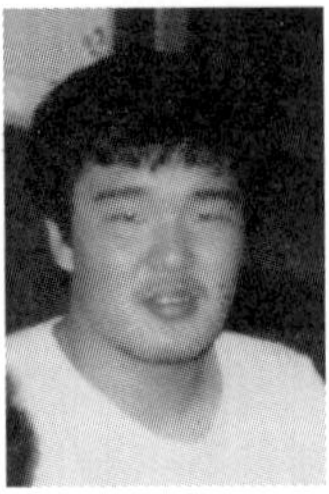

三上　慎一郎（みかみ　しんいちろう）

昭和四十（一九六五）年四月四日生れ。失踪当時十八歳。高校三年生。身長一六八センチ。体重七二～三キロ。切手収集をしていた。小学校時代はスポーツ野球少年団に加入。失踪年の八月には地元の相撲大会にも参加。

昭和五十八（一九八三）年十一月二十日朝、「図書館に行く」と言って北海道旭川市の自宅前のバス停からバスに乗った。しかし当日は日曜日で図書館は休みだった。

様子が変だったので部屋に行ったら書き置き（自分白書）があった。バスに乗る前母の顔をじっと見ていたらしい。前の晩に携帯ラジオと母親の腕時計を貸してくれと言ったので貸した。その日の朝、寒いから厚手の手袋が欲しいと言ったので薄いオレンジ色の軍手を渡した。バスに乗った姿は見られているが降りたのを見た人はいない。

十二月三日　多大浦事件（工作員全忠男と前年山口県長門市に侵入した李相圭が韓国釜山の海岸から侵入しようとして生け捕りにされる）

山内　和弘（やまうち　かずひろ）

昭和四十（一九六五）年十月五日生れ。失踪当時一八歳。身長一七〇センチ。体重六〇キロ。血液型A型。近眼のため度の強いメガネを使用。髪がやや縮れている。趣味は野球。大阪府堺市の高校三年生。

昭和五十八（一九八三）年十二月二十八日の夜か早朝、大阪府堺市の自宅を出た模様。机の中には大学受験の共通一次の受験票や二次の受験用申込書がカッターで切ってあった。

【昭和五十九（一九八四）年】

二月　警察発表　寺西導与（大阪府岸和田市内の勤務先を早退した後行方不明・当時二十一歳）

三月　警察発表　三宅夕香理（東京都渋谷区で会合に参加した後行方不明・当時二十歳）

井尻　恵子（いじり　けいこ）

昭和三十五（一九六〇）年十月二十三日生れ。失踪当時二十三歳。身長一六〇センチ弱。

昭和五十九（一九八四）年三月十六日、勤めていた京都市内で母親が経営するスナックを深夜に退勤後、同僚と飲みに出かけた。翌十六日午前四時頃、自宅前でタクシーを降り、その後行方不明。数百万の預金は自宅に残されたまま。また失踪後、運転免許の更新も行っていない。結婚が決まっていて家具を見に行くなど準備をしていた。

四月　呂スドン事件（韓国人で日本で朝鮮総聯関係者に包摂された工作員呂スドンが韓国で逮捕）

河合　美智愛（かわい　みちえ）

昭和三十八（一九六三）年十二月十八日生れ。失踪当時二十歳。身長一六九センチ。血液型ＡＢ型。おでこが広い。口元に小さなホクロ、丸顔、髪の毛は柔らかくて多くない。右膝の裏側に薄いがこぶし大の痣がある。趣味はドライブ。

昭和五十九（一九八四）年四月二日、前日から地元福井県武生市（現越前市）の繊維会社に勤め始めていた。当日午前中勤務し、昼食のために一旦帰宅したあと、車で会社に向かったまま失踪。職場から「午後は休みだった」と連絡が来て会社に着いていないことが分かった。自室の鏡台の上に財布を置いたままだった。また乗っていた自家用車も見つかっていない。失踪後一〜二回、実家に無言電話がかかってきたが、名前を呼びかけるとすぐに切れた。

◎拉致濃厚

種田　誠（たねだ　まこと）

昭和二十五（一九五〇）年二月一日生れ。失踪当時三十四歳。京都市内の焼肉料理店チーフをしていた。

昭和五十九（一九八四）年五月、京都市内のアパートから失踪。職を変えたいと電話が鹿児島の実家にあり、金銭だけは持って出たようだが、着替えなど身の周りのものはアパートに残したまま。平成十五（二〇〇三）年一月、特定失踪者としての発表直後、家族に「誠です。探さないで下さい」という電話があったが、本人でない可能性がある。

五月　警察発表　松澤明（富山県高岡市の自宅を出て行方不明・当時十八歳）

山本　美保（やまもと　みほ）

昭和三十九（一九六四）年三月三日生れ。失踪当時二十歳。身長一六〇センチ。体重五一キロ。左目の下に三針縫った痕（小一の時）。左手に軽いしもやけの痕。靴のサイズ二十三・五センチ。大学受験生。

昭和五十九（一九八四）年六月四日朝十時ころ、母親に「図書館に行く」と言って、原付バイクで山梨県甲府市の自宅を出かけたが、その日帰宅しなかった（図書館は休館日）。六日、母親が甲府駅南口の駅ビル前歩道の駐輪場に停めてあるバイクを発見。さらに八日、甲府警察署から新潟県柏崎市荒浜海岸にセカンドバックが落ちていたとの連絡があった。失踪半年後の十一月六日からから甲府市の自宅に無言電話が四年半ほど続いた。平成十六年三月、山梨県警は「昭和五十九年六月二十一日に山形県遊佐町の海岸で発見された漂着遺体のD

ＮＡ鑑定を含めた捜査の結果により、山本美保さんと同一人物であると判断した」と発表した。しかし山形県に残された遺骨の体のサイズや着衣は山本美保さんのものと大きく違っている。権革氏は「一九九三年頃、五四五四部隊で何度か見かけた女性にそっくりだ」と証言。未確認だがその他にも目撃情報がある。

◎拉致濃厚

山本美保さんのお母さん文子さんのメッセージ

美保、元気でいますか？あなたがいなくなって三十六年、救出活動が始まって十八年になります。もっと早く助けられると思っていましたが、長くかかってしまい、本当にごめんなさい。

日本の救出活動は知っていますか？横田めぐみさんの両親をはじめ、私達家族は、様々な場面で北朝鮮の拉致問題を何度も訴えてきました。美砂もニューヨークの国連本部やオランダの国際刑事裁判所ＩＣＣにも行きました。会場では涙を浮かべて聴いてくださる方もいて、家族への思いは世界共通だと感じたそうです。

多くの国が力を合わせているのに、拉致問題はどうして解決しないのだろうと思います。

それでも諦めずに美保に会えることを信じて待ち続けます。どうか、気持ちを強くもってしっかり生き抜いてください。必ず会えると信じています。

山本美保さんの妹森本美砂さんのメッセージ

双子の姉の美保と私は、いつでもどこでも一緒でした。泣き虫の私と違い姉は活発で、小学生の頃は、美保と一緒にいることで私も元気でいられました。中学校入学時、父の異動に伴い甲府に引っ越しました。大規模な中学校で、初めて美保とクラスが別々になったことが不安でたまらなかったのを覚えています。中学校でも、高校でも、美保は、生徒会や学園祭で活躍する存在でした。

大学受験前、大学二年生だった兄をバイクの事故で突然失いました。生活が一変し、悲しみにくれる日々が続きました。そんな中、姉は東京への進学を決意し、日本女子大に合格しました。一人東京に行ってしまう姉をどうしても応援できなかった私は、両親と一緒に東京への進学を諦めさせてしまいました。それが今でも悔やまれます。

十九歳で看護学校を辞め、再度大学受験を目指した姉は、毎日図書館で勉強を続けていました。昭和五十九年六月四日もそんな一日でした。いつものように母に「図書館に行って来るね。」と言って、ミニバイクで出かけていきました。夕方からファミレスのバイトも入っていました。無断外泊などしたことがない姉が、なぜ連絡がないのかと不安の中で、四日後新潟の柏崎署から、免許証と財布の入ったカバンが落ちていたと連絡がありました。父と母と叔父が新潟に飛び、カバンが落ちていたという荒浜海岸周辺、駅周辺、佐渡汽船の乗船名簿など、考えられる所を余す所なく捜し歩きました。警察官だった父は、事件か事故に巻き込まれたのではないかと、海岸沿いを新しく土が盛られたところがないか、棒をつついて捜し回りました。辛い作業だったと思います。翌年の三月、今度は私と母が軽自動車で新潟を訪れ、地元の旅館組合を訪ね、新聞社に尋ね人を掲載してもらいました。道中車の中でユーミンの曲をかけていたので、長く母はユーミンの曲を聴くと辛くなると言っていました。

それから十数年、何の手がかりもなく過ぎていきました。この間、私は就職し、結婚して、三人の子育てをしながら忙しく生活していました。平成十年、横田めぐみさんの拉致のニュースが世間を駆け抜けました。美保のカバンも新潟の海岸に落ちていた。関連があるのか、口にするのが怖かったのを覚えています。平成十四年三月、有本恵子さんの拉致事件が報道されると、いてもたってもいられなくなりました。新聞社に手紙を出し、姉の失踪状況と関連があったら教えてほしいこと、この手紙を横田めぐみさんや有本恵子さんの御家族に渡してほしいとお願いしました。三ヶ月後、柏崎署から手紙を受け取ったと電話をいただき、新潟で救出活動をしている小島晴則さんを紹介していただきました。夏休みになるのを待って新潟に飛びました。何時間も姉の話を聞いていただき、「お姉さんは拉致ですよ。」という言葉に、動かなくてはと思いました。当時の姉の足取りをたどって、知り合いに手紙を出し、東京や各地に赴きました。

小泉首相の訪朝を機に、美保の記事が全国版に載るという前の晩、私はこの半年間のことを初めて父に話しました。「おまえ、何やってんだ。」新聞に載るということがどういうことになるのか、警察官だった父は嫌というほど見てきました。「お父さん、このままでいの。美保ちゃんに会えないまま死んでもいいの。」「ばか、おれの娘じゃないか。」お互いに涙声でした。

その後の展開は、私が想像したこともない日々でした。来る日も来る日もマスコミの対応に追われました。報道を見て、立ち上がってくれた同級生、地域の方々に支えられ、山本美保を救出する会が結成されました。中央では、特定失踪者問題調査会はじめ多くの方々に支えられてきました。海外もワシントン、ロサンゼルス、ニューヨークに飛び、集会に参加し、国際シンポジウムで発言してきました。ロイター通信の取材も二回受けました。平成二十九年に特定失踪者家族会を結成し、オランダのデン・ハーグの国際刑事裁判所にも赴きました。美保に会いたい一心で、これまで経験したことがないことをいくつもやってきました。物語を読んでいるような中にいて、自分が当事者であることが不思議でした。何度もくじけそうになりながら、本当に多くの方々に支えられ、活動を続けてきました。

美保ちゃん、あなたに会わせたい人、見せたいものは数多くあります。再会するために、これまでやってきたことを全て話したいです。成果を出す時、それはあなたを救出できた時です。

十八年前、美保ちゃんのことを捜して再度歩き始めた頃、新聞に大きく報道される前に、甲府で見た流れ星がこうして導いてくれていると信じています。あの時、「美保に会える」と体に走った直観は確かなものだと思っています。みんなが待ち望んでいます。笑顔で再会できると信じて。

六月　「よど号の妻」赤木恵美子、河田節子名で大阪の印刷会社に勤務

六月　「よど号の妻」（当時）八尾恵、八木恵子名で横浜市内のアパートに居住（〜昭和六十年四月）

広田　公一（ひろた　こういち）

昭和二十九（一九五四）年一月二十一日生れ。失踪当時三十歳。日本自動車連盟（ＪＡＦ）兵庫支部勤務。

昭和五十九（一九八四）年七月二十一日、兵庫県尼崎市の自宅を車で出発し、鳥取県大山への登山に一人で出かけたが行方不明に。車は大山登山口の駐車場に止めたままで、「午後六時二十分到着」等のメモが車内で発見された。車内で仮眠したものとして米子警察遭難救助隊が捜索を一週間続けたが手がかりなし。警察犬は大山寺経堂までは行くがそこからは進まなかった。

八月頃　警察発表　鎌倉司（神奈川内の自宅から行方不明・当時二十二歳）

伊原　照治（いはら　てるじ）

昭和三十三（一九五八）年四月十日生れ。失踪当時二十六歳。身長一七七センチ。体重七〇キロ。血液型O型。左目の下に小さいほくろ、右手の中指と薬指の中間をガラスで切った傷痕。ヘルニアを患っている。前歯がない。配管工二級の資格あり。

昭和五十九（一九八四）年八月二十八日、勤務する東京都千代田区のビル施設会社の同僚と共に得意先に設計図を届け、神田駅で同僚と別れたあと行方不明となる。会社へは二十八日から一週間の休暇届けを出していた。

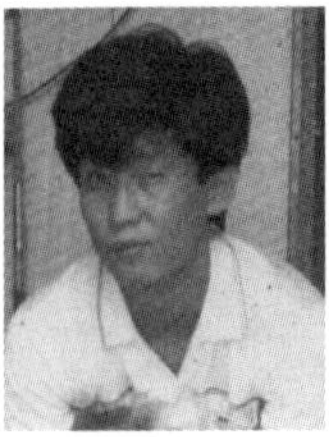

花田　昭博（はなだ　あきひろ）

昭和四十一（一九六六）年四月五日生れ。失踪当時十八歳。高校三年生。身長一六九センチ。中肉中背。左眉毛上に米粒大のほくろ。一重瞼。性格は優しい。

昭和五十九（一九八四）年九月二十四日、広島県大竹市の自宅テーブルの上に「釣りに行きます」との書き置きを残したまま、朝五時～六時頃家を出た。夕食になっても自宅に帰ってこなかった。一週間後、自宅から三〇キロメートル以上離れた山口県柳井市と大島郡周防大島の間の大畠瀬戸にかかる大島大橋の中間あたりに、自転車と釣り竿が放置されていた。自転車の発見を聞いて、周辺の海などを船五隻くらいで探した。家には小遣いが七〜八千円残っていた。

九月　「よど号の妻」赤木恵美子、河田節子名で大阪のハンダゴテ製造工場に勤務（〜昭和六十一年十一月）

十月　警察発表　松島正樹（岐阜県恵那市の恵那駅に立ち寄った後行方不明・当時三十四歳）

昭和六十年〜平成

【昭和六十（一九八五）年】

一月　「よど号の妻」八尾恵、黒田佐喜子、ソウルより帰国

三月一日　西新井事件（在日韓国人工作員を逮捕）

下地　才喜（しもじ　さいき）

昭和三十七（一九六二）年七月十日生れ。失踪当時二十二歳。身長一六五センチ。血液型B型。

昭和五十八年（一九八三）に東京杉並区内の飲食店で働きながら資格を取ると沖縄から上京。昭和六十（一九八五）年四月にラジカセを月賦で買うから保証人になってくれと実家に電話したのが最後。十月に月賦不払いの通知が母親に来たことから失踪が判明。その後、実家に無言電話が二回あった。

四月二十五日　宮崎沖不審船逃走事案（工作船を海保巡視船が追跡するも逃走）

今津　淳子（いまづ　じゅんこ）

昭和三十二（一九五七）年五月二十八日生れ。失踪当時二十七歳。身長一五八センチ。体重五九キロ。顔は卵形で色白。髪型は短い段カット。額の真ん中に指の先ほどの痣。近視で普段はコンタクト使用。眼鏡のときもある。埼玉県深谷市で保育園の保母をしていた。

昭和六十（一九八五）年四月三十日、休暇を取って大宮の運転試験場へバイクの免許を取りに行った。同日午後七時頃、深谷市のバス停近くから寮の同僚に「これから一三分のバスで帰る。何か買い物はないか」と電話連絡したまま消息不明。同日午後九時頃、最寄りのバス停と寮の間の民家の人が、犬が激しく吠えるのを聞く。翌朝その家の人が畑の中に今津さんの両方の靴を発見。周囲に争った形跡はなく、不自然に投げ捨てられた状態だった。警察は公開捜査を行ったが目撃証言もなく安否に繋がる情報もない。

◎拉致濃厚

五月十七日　警察発表　平峰久志（大阪府八尾市の自宅を出て行方不明・当時三十五歳）

五月　「よど号の妻」八尾恵、佐藤恵子名で横須賀市内のアパートに居住

六月二十八日　辛光洙事件（原敕晃さん拉致の実行犯辛光洙が韓国で逮捕）

七月　警察発表　熊谷　嘉則（東京都荒川区の自宅から行方不明・当時二十五歳）

谷ケ崎　清一（たにがさき　せいいち）

昭和三十七（一九六二）年一月二十六日生れ。失踪当時二十二歳。身長一六八センチ。体重六五キロ。中肉中背。直毛（パーマをかけていた）。額は広く眉が太い。右足の脛にバイク事故で治療した傷がある。内装店店員。

昭和六十（一九八五）年七月九日午後八時頃、近所の風呂屋に行くと言って、富山県新湊市（現射水市）の自宅を小銭、風呂バケツを持って車で出たまま失踪。翌日銭湯に本人が来たかを聞きに行ったが来なかったと言われ、近くに住む友人などに聞いたが、来た形跡はなかった。車も見つかっていない。

八月十二日　日本航空のボーイング747が群馬県上野村の山中に墜落。乗員乗客五二四名中五二〇名が死亡。

伊藤　克（いとう　まさる）

昭和十八（一九四三）年五月四日生れ。失踪当時四十二歳。身長一六〇センチ。体重五七キロ。小柄だが筋肉質でがっちりしている。目が大きい。眉と目の間が窪んでいる。左足の脛に二十センチくらいの手術痕がある。喫煙。酒は少し飲む。スポーツは野球が得意。千葉県旭市で農業経営を行っており、千葉県の下総温泉メロン組合の組合長だった。

昭和六十（一九八五）年八月二十九日、メロン組合の役員三人で総武本線旭駅から電車で東京の青果市場に行った。東京の仕事を終えて旭駅で他の役員と別れ、駅からタクシーに乗って自宅近くの寺の前で降りたが、その後帰宅せず。

紺屋　淑子（こんや　よしこ）

昭和三十七（一九六二）年二月十六日生れ。失踪当時二十三歳。身長一五七センチ位。体重五五キロ位。近視で眼鏡使用。ビートルズのファンでレコードをたくさん持っていた。北海道釧路市内の学生アパートに一人住まいし、理容・美容の専門学校に通っていた。

昭和六十（一九八五）年九月十八日、学校から欠席の連絡が実家にあり、釧路警察署に届けた。アパートの自室内に他人が入った形跡なく、眼鏡（近視）もそのまま。失踪したときに残していた預金も全く引き出さず。十六日夕刻、近所の大衆浴場に行ったと思われるが失踪の詳細な日時は不明。

十月　警察発表　田中由起夫（東京都府中市の大学への通学途中行方不明・当時二十一歳）

十月　警察発表　前田友秀（香川県高松市のフェリー乗り場で親族が見送った後行方不明・当時二十一歳）

木本　佳紀（きもと　よしのり）

昭和三十八（一九六三）年五月十八日生れ。失踪当時二十二歳。身長一七六センチ。体重六十五キロ。血液型A型。多少やせ型。髪質は直毛で太い。眉も太い。近視と乱視で眼鏡使用。上下の歯が並んでいる風で噛み合わせは悪い。顎は逆三角形型。右手首に火傷の痕ありケロイド状になっている。首の後ろに大きなほくろがある。喫煙。弘前大学三年生。

昭和六十（一九八五）年十月一日に青森県弘前市内のアパートから失踪したと思われる。十月一日付の新聞が室内に残り、二日以降の新聞は部屋の外に置かれたまま。机の引き出しには運転免許証、預金通帳、キャッシュカード。旅行鞄、衣類はそのまま。八月に北海道の実家に

帰省し、九月二日に弘前に戻った。

木本佳紀さんの母木本和子さんのメッセージ

佳紀、弘前に帰る貴方を、九月二日夫と砂川駅で見送ったのが最後でした。あれから三十五年、貴方は五十六歳になりました。夫はもういません。

佳紀今はどうしているか、元気でいるか、案じています。貴方の人生が一変した十月一日。貴方の身に何があったのか、知りたい、消息を知りたいのです。只、逆境でも自分を失わず、元気でいてほしい。良いこともあれば嬉しいけどね。

すでに貴方はおじさん、母はおばあさんになったけど、「貴方に逢えた喜びをお土産に、夫の所に安らかに逝けたらな」と思うこの頃です。でも元気でいたら逢えるかもしれないと、気力を持って待っています。

学生時代に貴方から届いた手紙、今も大切に大切にしています。

佳紀や　平成の日本しらずいて　いずこの世にてまみえるの？

貴方が少しでも早く日本に帰ること、生きて逢えること、母の願いです。

母より

林　かな子（はやし　かなこ）

昭和三十五（一九六〇）年九月七日生れ。失踪当時二十五歳。身長一五八センチ。血液型B型。色白。歯の治療個所は左上四本目と六本目。英語、英文オペレーターの仕事に堪能、フランス語もかなりできる。内気な性格。

両親と東京都内に同居していたが、昭和六十（一九八五）年十月から本人の意思で近くに独り住まいをするようになった。十一月二十日、勤務先の会社の上司に「風邪気味なので二十一、二十二日両日休ませて欲しい」と了解を求めて休み、そのまま失踪した。ほとんど何も持たず普段着姿で出かけたもよう。失踪数日前、母親に「トイレットペーパー買っといて」と言っていた。未確認だが北朝鮮にいるという情報がある。

◎拉致濃厚

秋田　美輪（あきた　みわ）

昭和三十九（一九六四）年一月二十五日生れ。失踪当時二十一歳。身長一五五センチ。体重四十三キロ。血液型O型。兵庫県神戸市の大学四年生。

昭和六十（一九八五）年十二月四日、神戸市内の大学へ行くために川西市の自宅を出かける。神戸市内の大学で午前の授業を受けたのち、一時過ぎに学食で友人と食事をとり、校門近くで友人と別れる。夜八時過ぎに「友人宅へ泊まる」と自宅に電話があった。しかし翌日五日朝八時過ぎ、兵庫県警城之崎署から自宅に「竹野町弁天浜でバッグが見つかった」と電話があった。残されたバッグの中には大阪駅発行の百〜百五〇キロメートルの急行券があった。この急行券では大阪駅から竹野町弁天浜の最寄りの竹野駅までは圏外となり、しかも検札などの跡がなかった。

◎拉致濃厚

秋田美輪さんの母秋田嶺子さんのメッセージ

美輪さんへ

三十五年が経ちました。どのような暮らしなのでしょう。日々の暮らしの中で見るもの聞くもの折々に貴女のことが頭をよぎります。ただただ元気であるようにと願っています。

高校時代学校の帰りに同じ吹奏楽部だったお友達と家の前の公園で楽しそうに話していた姿、今も浮かんできます。家では私が所用で外出したときには食事を作って待っていてくれました。

単身赴任のお父さんが週末帰宅の時には「お父さんが帰ると御馳走が食べられる」と嬉しそうに言っていましたね。そのお父さん、今は施設でお世話になり、元気にしています。貴女の帰りを待っています。

また冬が巡ってきます。健康に留意して元気であるよう祈っています。

「冬来たりなば、春遠からじ」
今度こそ願いが届くように。

十二月　よど号グループの赤木（米村）邦弥一時帰国　関西、東京など三か所に居住（～昭和六十一年九月）

【昭和六十一（一九八六）年】

一月　警察発表　渡邉　浩成（岐阜県岐阜市の職場に出勤せず、そのまま行方不明・当時二十三歳）

亀谷　博昭（かめたに　ひろあき）

昭和三十七（一九六二）年七月十四日生れ。失踪当時二十三歳。身長一六八センチ。体重五五キロ。血液型O型。左頬口下にほくろ。差し歯がある。趣味は旅行。マラソンをする。会社員として精密機器の組立を行っていた。

昭和六十一（一九八六）年一月十一日〇時ごろ、大阪府寝屋川市の自宅に遅くなる旨の電話があり、午前二時（失踪当日にあたる）に帰宅した。翌朝いつも通り七時十分の電車に乗るべく家を出たが、会社から出勤していないとの連絡が自宅に入り、以後消息不明。それまでは無遅刻・無欠勤であった。四月以降数年間、無言電話があった。

一月　北朝鮮が独自開発した黒鉛減速型原子炉が稼働開始
二月一日　警察発表　西田智一（福岡県福岡市の自宅から車で外出して行方不明・当時二十九歳）
三月　警察発表　谷口修也（福岡県北九州市の自宅を出て行方不明・当時四十七歳）
三月十三日　北朝鮮に拉致された韓国の女優崔銀姫と映画監督申相玉がウィーンで脱出
九月　よど号グループ赤木（米村）邦弥　ウィーンへ

佐藤　正行（さとう　まさゆき）
昭和三十三（一九五八）年十二月十一日生れ。失踪当時二十七歳。身長一七〇センチ。体重六〇キロ。血液型A型。煙草一日数本。やや面長で眼鏡とコンタクトレンズを併用。痩せ型。性格は温厚で几帳面。高校教師の

免許を持っている。愛知県名古屋市内の製薬会社に勤めていた。
昭和六十一（一九八六）年十月二十九日、外食店で買い求めた弁当を名古屋市内の自室で食事している途中、部屋着の軽装のままで踵のつぶれた革靴を履いて、霰（あられ）の降る市内へ外出し消息を絶つ。部屋には財布、自動車免許証など一切の身の周りのものは残されていた。

【昭和六十二（一九八七）年】

昭和六十二年頃　李ビョンソル事件（ソウル大教授李ビョンソルが日本留学中朝鮮総聯関係者に包摂され韓国で工作活動を行い逮捕）
昭和六十二年頃　よど号グループ赤木（米村）邦弥が北朝鮮に入国

高橋　勝彦（たかはし　かつひこ）
昭和三十四（一九五九）年七月五日生れ。失踪当時二十七歳。身長一七〇センチ。体重六三キロ。血液型A型。額の真ん中に三センチぐらいの傷。乱視で眼鏡は持っていたがかけていなかった。北海道釧路市内の聾学校教員を務め、学校の教員住宅に居住していた。
昭和六十二（一九八七）年一月二十一日夜十〜十二時の間、釧路市内の勤務先学校で同僚と一緒にテレビでアイスホッケーを見ていた。その後帰宅したが、翌朝二十二日に出勤しなかった。学校には二十一日に支給された給料袋がそのまま置いてあった。同僚の先生たちは写真を持って回って調べたがまったくそれらしい情報はなかった。車を買ったばかりで借金はあったが明るくきちんとした性格で、それでいなくなるようなことはありえないとのこと。車は学校の教員住宅に置いたままであった。

一月　寺越外雄さんから石川に住む姉に手紙が届き事件から二十四年経って北朝鮮にいることが分かる。

一月二十日　北朝鮮船ズ・ダン号が福井新港に漂着、乗員十一人亡命求める

沈　静玉（ちん　せいぎょく）

昭和三十八（一九六三）年五月十二日生れ。失踪当時二十三歳。身長一六三センチ。体重四三キロ。血液型A型。台湾出身で大阪府堺市に居住。昭和五十九年（一九八四）に台湾から来日し、同年四月から昭和六十一（一九八六）年三月まで大阪市内の短大に在学していた。

昭和六十二年（一九八七）年二月、前月に亡くなった祖父の葬儀に帰国しなかったことから、家族が日本の身元引受人に部屋を見に行ってもらったところ、部屋は食事したままの状態で身の周り品はそのまま残されていた。二月十二日には査証の延長手続きのため、大使館の機能を持つ大阪市の亜東関係協会大阪事務所を訪れていたことが判明している。失踪はこの日以降と思われる。

西安　義行（にしやす　よしゆき）

昭和四十（一九六五）年六月二十七日生れ。失踪当時二十一歳。身長一七五センチ。体重七〇キロ。血液型A型。中学生の頃交通事故で右鎖骨を骨折し治療痕がある。近眼で眼鏡使用。普通運転免許取得。就職活動中だった。

昭和六十二（一九八七）年三月十五日、友人と京都府の舞鶴方面へドライブ。帰り道、京都府内の山陰本線綾部駅前で夕方友人と別れたあと消息不明。車も見つかっていない。失踪後の平成五（一九九三）年頃にかけ、子供の歌う声などで兵庫県内の自宅に不審電話があった。北朝鮮で撮影したと思われる写真がある。

◎拉致濃厚

西安義行さんの妹西安圭子さんのメッセージ

何処かで生きていてくれますよね

兄ちゃん元気ですか？　何かあったのですね。友達の車でドライブに出かけてから早、もうすぐ三十三年がたちます。あの日私は胸騒ぎがし、行って欲しくない、一緒に行きたい気持ちでした。今も最後に交わした言葉、忘れていません。見送った後ろ姿のまま、私は何もできずにただただ待つだけで時が止まっています。

日本は昭和から平成、昨年から令和に代わりました。これだけの年月が過ぎた今も再会出来ず、凄く残念で仕方がありません。

親も病気や苦労をしていないか心配しています。今日は帰るか明日は帰るかと片時も忘れず、待っています。母は随分歳をとりましたが元気です。姉ちゃんも元気です。父は最後まで再会を待ち望んで、平成三十年十二月二日、心不全により八十一歳で永眠しました。とっても心残りだった事でしょう。

特定失踪者問題調査会や、地元、丹波署の皆さんにお世話になり、兄ちゃんを捜してもらっています。生きていればきっと、再会できます。そう信じています。一日も早く帰ってきてくれるのを皆で、いつまでも待っていますよ。ると信じて待っています。

会いたい。会いたい。会って今までの分も沢山話がしたいです。

兄ちゃん、身体に十分気を付けて、頑張って生きていてくださいね。

三月十五日　警察発表　李麻奈美（愛知県名古屋市の自宅を出て行方不明・当時十四歳）

古川　龍（ふるかわ　りょう）

昭和三十九（一九六四）年十一月四日生れ。失踪当時二十二歳。英語の勉強のために英国に滞在中の昭和六十二（一九八七）年三月以降スペインに向かった後行方不明に。

尾上　民公乃（おのうえ　みこの）

昭和四十一（一九八六）年十一月二十六日生れ。失踪当時二十歳。身長一六一センチ。体重四九キロ。血液型O型。アルバイトで大阪市北区のスナックに勤務。

昭和六十二（一九八七）年六月五日夜十一時三十分頃、大阪市のスナックでの勤めを終え、同僚と近くのスナックを訪れたあと、その同僚の車に同乗。六日午前三時五十分頃、大阪市南区（現・中央区）心斎橋の路上に停車。同僚はエンジンをかけたまま尾上さんを助手席に残し、近くのビルの知人と連絡をとりに行った。約三十分後に戻ると車ごと消えていた。七日朝、一台の車が福岡市博多港の岸壁から海中に落ちるところを釣り人が目撃。引き揚げたところその同僚の車だった。ドアはいずれも閉まっていたが助手席の窓は開いていた。車内は無人。血液型Ａ型の血痕が付いていた。イヤリングの片方はあったがそれが尾上さんのものかどうかは分からない。朝自宅に福岡の臨港署からと名乗る電話で「今車が落ちました」と伝えられたがなぜ尾上家の電話番号が分かったのか、本当に早朝車が落ちるのが見えたのか疑問が残る。友人のセカンドバックはなくなっていた。尾上さんは免許を取得したばかりで運転歴は殆どない。

◎拉致濃厚

尾上民公乃さんの父尾上支征さんのメッセージ

一日も早く全員が、日本の国に帰って来られることを毎日祈って居ります。日本の国の全ての方が、又北朝鮮の国民全てが、人間の本文に立ち返って、もういちど、人の心をとりもどしてもらいたいと思います。そして、一日も早く国交の樹立をして、共に人の行き来ができるように希望します。

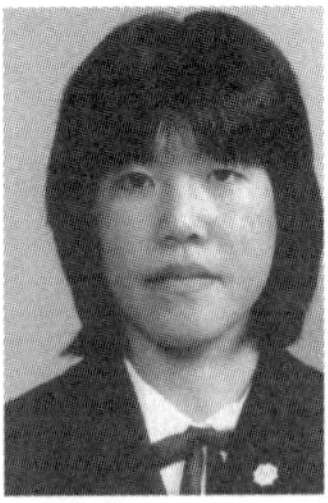

根本　直美（ねもと　なおみ）

昭和四十七（一九七二）年一月十五日生れ。失踪当時十五歳。身長一六八センチ。体重五二キロ。血液型B型。近視で勉強するときに眼鏡着用。内向的性格。右の腿に子供の頃のやけど痕が薄く残る。高校一年生。当時の服装はエンジ色のジャージ、カッパ着用。

昭和六十二（一九八七）年六月二十日、学校のテニス部の部活を終え、自転車で途中まで友達と一緒に帰り、友人と別れ、茨城県藤代町（現取手市）の自宅に向かう途中で失踪。自宅から四百メートル離れたところで自転車を発見。学校へ持って行ったバッグを現場に残し、本人だけが居なくなっていた。帰宅する道は道幅が狭いため車の通行が少なく、人通りも少ない。

七月二十五日　警察発表　南繁治郎（埼玉県越谷市で行方不明・当時四十七歳）

岡元　幸弘（おかもと　ゆきひろ）

昭和三十（一九五五）年一月十四日生れ。失踪当時三十二歳。身長一七五センチ。体重六十五キロ。趣味は釣り。

昭和六十二（一九八七）年八月三十日夜、店長を務める千葉県松戸市のラーメン屋の閉店後、釣りをするため松戸市から自家用車で神奈川県横須賀市に向かったが、翌三十一日昼の開店時間になっても戻らず。本人が向かった東京電力横須賀火力発電所近くに車が残され、同施設の排水口近くの釣り場に釣り道具もそのまま残されていた。警察が付近の捜索やヘリで捜索、また海保が海上捜索などをしたが発見できなかった。またダイバー三人で釣り道具のあった周辺の海底の捜索もしたが何も発見できなかった。

八月三十日　訪朝していた寺越武志さんの父太左エ門さんと母友枝さん二十四年ぶりに武志さん・外雄さんと再会

東　修治（あずま　しゅうじ）

昭和三十八（一九六三）年一月二十四日生れ。失踪当時二四歳。身長一七五センチ。体重七五キロ。足のサイズ二七・五センチ。交通事故により左手首からひじの間がくの字型に変形している。運送会社社員。昭和六十二（一九八七）年十月頃、胃病で会社を休んでいたため、実家に送金を依頼する連絡があり、家族が本人の口座に振り込んだ。

昭和六十三（一九八八）年一月、神奈川県横浜市内の住居の不動産屋から九州の実家に家賃滞納の連絡があり、家族が横浜のアパートに行ったが、部屋は突然出て行ったような状態だった。お金や運転免許証は残されておらず、車は置いたままだった。免許証の更新はされていない。失踪後、実家に無言電話が数回あり、そのうち一回（平成五―一九九三―年）は女性の声で「息子病気」とたどたどしい日本語で繰り返したものだった。

十月一日　警察発表　坂井浩司（旅行滞在中の台湾のホテルから外出したまま行方不明・当時十七歳）

十一月　警察発表　秋教元（尼崎市に居住し居酒屋で飲食後行方不明・当時三十七歳）

十一月二十九日　大韓航空機爆破事件（日本名蜂谷真由美の工作員金賢姫逮捕）

佐々木　正和（ささき　まさかず）

昭和二十五（一九五〇）年八月十五日生れ。失踪当時三十七歳。身長一六七センチ。血液型A型。やせ型。二十五歳の時胃ガンの手術した経験あり。腕に五センチ角の赤い痣がある。髪薄い。真面目な性格で口数は少ない。家庭教師、塾講師をしていたようだ。

昭和六十二（一九八七）年十一月末、埼玉県大宮市（現さいたま市）のアパートの大家と話をしたあと行方不明。一人暮らしのためはっきりした日時がわからない。その年の十二月に大家から実家に連絡があり、家族が失踪を知る。部屋の中は荒らされておらず、現金、預金通帳、運転免許証も置いたままだった。家族は数か月に一度顔を見る程度だった。

十二月　警察発表　新野博行（大阪府太子町の下宿から行方不明・当時二十一歳）

十二月　八尾恵横須賀にカフェバー開く

西村　京子（にしむら　きょうこ）

昭和三十七（一九六二）年十二月十八日生れ。失踪当時二十五歳。身長一六二センチ。体重五五キロ。血液型AB型。快活な性格。趣味は旅行。酒はほとんど飲まない（飲んでもビール二杯程度）。和装店店員。その前はバスガイドをしていた。

昭和六十二（一九八七）年十二月二十七日夕刻、山口県山口市の自宅を車で出かけ、山口市湯田温泉の居酒屋で職場の女性同僚と二人だけの忘年会を行った。その後近くの店で二次会を行い、そこで男性と知り合う。午後九時ごろ、同僚は帰ったが、そのころに西村さんが男性の車に同乗するのを見た。それを最後に二人とも失踪。西村さんの車は湯田温泉のスーパーの駐車場に置いてあった。

【昭和六十三（一九八八）年】

一月五日　警察発表　中武慎也（福岡県福岡市の下宿先から行方不明・当時二十一歳）

一月　大韓航空機爆破事件で、日本政府が北朝鮮に制裁措置

種子　雅也（たねこ　まさや）

昭和三十六（一八六一）年一月二十六日生れ。失踪当時二十七歳。身長一六八センチ。体重六五キロ。血液型A型。趣味は鉄道、航空（航空機と交信できるトランシーバーを持つ）。剣道、スキー、テニス。酒少々。爪を噛むためいつも爪が短い。大阪市内の会社に勤め、経理を担当していた。

昭和六十三（一九八八）年三月七日、大阪市西淀川区にある会社を無断欠勤しているので、会社の人が部屋を見に行った。翌日も欠勤したので、東京の実家に連絡が来た。両親が本人の寮の部屋を訪ねると、洗濯物が干してあり貴重品などはそのままになっていた。その日は歯医者の予約があり、別の日には会社の友人とのスキーが予定されていた。

一月十五日　金賢姫が記者会見。李恩恵の存在証言
三月二十六日　橋本敦参院議員が拉致疑惑で質疑、梶山国家公安委員長が「拉致濃厚」と答弁
四月頃　警察発表　笠松一由（愛知県一宮市の親族に「今名古屋にいる」と電話があった後行方不明・当時三十二歳）
四月　警察発表　島崎篤貴（北海道帯広市在住で友人とドライブに出かけたまま行方不明・当時二十歳）

江原　信明（えはら　のぶあき）

昭和三十四（一九五九）年九月十二日生れ。失踪当時二十八歳。身長一七七センチ。体重六三キロ。血液型A型。髪は多めでややくせがある。白髪が多かったので黒く染めていた。前歯は銀色のものをかぶせていた。電気工事士、アマチュア無線、普通自動車の免許あり。趣味は釣り。前年十二月に自動車販売会社を退職し、実家の農業を手伝っていた。

昭和六十三（一九八八）年五月九日、「たまには大宮（現さいたま市）にでも行って映画を観てくる」と言って埼玉県白岡町の自宅を出かけたまま失踪。

五月六日　よど号グループ柴田泰弘逮捕
五月二十五日　柴田泰弘の妻（当時）八尾恵逮捕
六月二十九日　渋谷事件（北朝鮮に包摂された在日朝鮮人で工作活動を行っていたAを逮捕）

林田　幸男（はやしだ　ゆきお）
昭和九（一九三四）年十二月二日生れ。失踪当時五十三歳。血液型B型。建設会社経営。宮崎県高鍋町に居住。
◎拉致濃厚

水居　明（みずい　あきら）
昭和十一（一九三六）年三月十二日生れ。失踪当時五十二歳。不動産会社経営。宮崎市内に居住。
◎拉致濃厚

【「共擁丸」（林田幸男さん・水居明さん）失踪について】

昭和六十三（一九八八）年七月十七日、林田幸男さんと水居明さんはそれぞれ自宅を車で出かけ、ともに所有する遊漁船「共擁丸」（一トン）で、係留していた宮崎市の大淀川河口（通称タンポリ）を二人で午前四時頃出港。その後消息を絶つ。海と空から捜索を続けたが船の破片すら見つからず。パーソナル無線を持っていたのに連絡がない。海上はべた凪だった。水居さんの車は林田さんの車とともにタンポリ近くに駐車されたままだった。

◎拉致濃厚

矢倉　富康（やくら　とみやす）

昭和二十六（一九五一）年十一月二十三日生れ。失踪当時三十六歳。身長一六五～一七〇センチ。失踪三年前まで勤めていた会社はマシニングセンター（精密工作機械）を製作する国内トップメーカーで、海外に技術指導も行っていたが、同社は倒産し、漁師となった。

昭和六十三（一九八八）年八月二日午後六時、所有する漁船（五トン）で一人で鳥取県の境港を出港し、翌三日朝六時に帰港する予定だったが行方不明。島根県美保関と隠岐の島の中間で漁をする予定だった。八月十日に海上保安庁から島根県竹島沖南南東二五キロで漁船発見と連絡が入る。エンジンは焼きついていた状態で漂流、また左舷前方に他の船と衝突した痕跡があり、塗料が付着していた。
◎拉致濃厚

八月「よど号」犯の妻たちに旅券返納命令

和田　幸二（わだ　こうじ）

昭和三十二（一九五七）年五月二十日生れ。失踪当時三十一歳。身長一七三センチ。痩せ型。漁師。

昭和六十三（一九八八）年八月十九日、宮崎県南郷町（現日南市）の知り合いのスナックに行き、そこで知り合った少し年上の漁師と意気投合。スナックを出たあと、未明二時か三時頃にうどん屋に行く。その後男性を自宅近くまで車で送ったあと行方不明。和田さんは酒は飲まない。車も見つかっていない。翌日からカツオ漁に出かける予定だった。「確信はないが一九九三年から一九九六年の頃、平壌でよく似ている人を見た」との脱北者証言がある。
◎拉致濃厚

九月　石岡亨さんから北海道の実家に松木薫さん・有本恵子さんと共に北朝鮮にいるという手紙が届く
十月　警察発表　田中弘幸（神奈川県茅ヶ崎市内の自宅を出て行方不明・当時二十歳）
十月　北朝鮮工作員（当時）安明進氏が金正日政治軍事大学で横田めぐみさんを目撃（以後平成三年まで数回目撃）

石坂　孝（いしざか　たかし）

昭和三十三（一九五八）年十二月二十七日生れ。失踪当時二十九歳。身長一六三センチ。体重五七キロ。血液型O型。中肉。色白で面長。趣味はカメラ、登山、音楽鑑賞。厚生省（現厚生労働省）技官で国立衛生試験所食品部に勤務していた。

昭和六十三（一九八八）年、静岡で開催された食品衛生学会（十一月十七〜十八日）で発表し、十八日夕方五時三十分頃、東京都の厚生省寮に帰宅。十九日の夕刊配達時刻以降の在寮は確認されている。二十日の朝刊はとられているので、二十日中に失踪したものと思われる。部屋から持ち出されているのは眼鏡、ジーパン、折り畳み傘と現金約五万円。

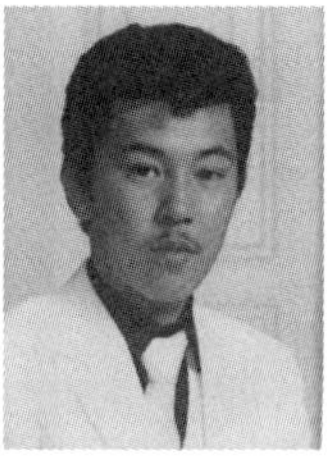

崎山　実（さきやま　みのる）

昭和三十九（一九六四）年五月二十四日生れ。失踪当時二十四歳。酒は飲む。猫背ぎみ。小柄。八重歯。近視。

昭和六十三（一九八八）年十一月二十四日失踪。勤務先である大阪市住吉区の会社から「無断欠勤している」と沖縄の実家に連絡があった。大阪市内のアパートを見に行くと、洗濯機は途中で、カバンや眼鏡も部屋の中に残っていた。

十一月　警察発表　後藤時徳（山口県小野田市―現在山陽小野田市―の自宅を車で出て行方不明・当時三十一歳）

十二月　警察発表　村上充弘（静岡県小笠郡の会社を退社し岩手県大船渡市の実家に戻る途中行方不明・当時二十六歳）

【平成元（一九八九）年】

一月　警察発表　菊地豊（新潟県小木町―現在佐渡市―の飲食店を出た後行方不明・当時五十五歳）

一月　警察発表　駒野孝（新潟県柏崎市の自宅を車で出て失踪・後に車は福井県三国町で発見・当時二十四歳）

二月七日　ココム違反事件（総聯系の商工人が北朝鮮にCOCOM規制対象品を不正輸出しようとして逮捕）

日高　満男（ひだか　みつお）

昭和三十三（一九五八）年八月十六日生れ。失踪当時三十歳。身長一七〇～一七五センチ。体重五〇キロ。中肉、面長。港湾土木作業員・漁船員。

建設会社の仕事で鹿児島県諏訪之瀬島に赴き、そこで種子島から来ていた男性と意気投合。再度諏訪之瀬島に渡り、平成元（一九八九）年二月二十三日、男性が所有する小型漁船で一人でトローリング漁に出かけた。午後二時ごろ、他の漁船が日高さんの船が海上に停泊しているのを見て「釣れたか？」と声をかけると日高さんは「ダメだ」と答えた。目撃されたのはこれが最後。日没後も帰港しないため、漁船、海上保安部巡視船、航空機により捜索。諏訪之瀬島切石港沖合で船が発見されたが、日高さんの姿がなかった。釣り糸は垂れたまま、船は燃料切れで漂流していた。失踪後一～二年、父の家に無言電話がひと月ほど続いた。毎夜〇時～一時ごろで、テレビのノイズのような雑音とともに、ツー、ツーという音が聞こえてきた。

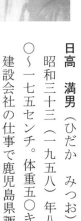

同じ諏訪之瀬島で同様に小舟での失踪事件（警察発表安藤正純さん）が起きている。

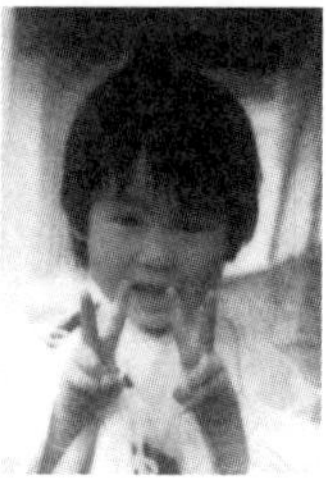

松岡　伸矢（まつおか　しんや）

昭和五十九（一九八四）年四月十三日生れ。失踪当時四歳。血液型O型。左利き。左眉の上に米粒大のうすい傷痕。四月から幼稚園に入園する予定だった。茨城県牛久市に居住。

失踪前日の平成元（一九八九）年三月六日、両親と共に徳島県小松島市で祖母の葬儀に出席し、その夜は徳島県貞光町（現つるぎ町）の親戚宅で就寝。当日朝起きて八時十五分頃に家族らと親戚宅前を数分散歩した。朝食前だったのですぐに引き返したが、玄関から入ってこなかった。父はすぐに玄関先に出てみたが、そこにいたはずなのにいなくなっていた。警察・消防・地元市民による大規模な山狩りもしたが、一切手がかり、目撃者、物的証拠なし。

三月　竹下首相、北朝鮮に対し「深い反省と遺憾の意」

四月十二日　警察発表　安藤正純（鹿児島県諏訪之瀬島で漁に出て行方不明。夜船は発見される・当時五十歳）

坂本　秀興（さかもと　ひでおき）

昭和三十六（一九六一）年七月十四日生れ。失踪当時二十七歳。身長一七〇センチ。体重七十五〜八〇キロ　右大腿部に乳児の時の注射痕がある。趣味は将棋、スキー。

平成元（一九八九）年六月二十二日、仕事上の書類等を提出し、十七時四十分に東京都港区の会社の業務を終える。その後銀行で預金十万円を引き出したあと行方不明。二十五日、会社から岡山県倉敷市の実家に「出張で愛媛県の新居浜工場に出勤する予定だったが出勤していない」と連絡があった。世田谷区の会社寮の部屋には運転免許証や保険証、旅行バック、スキー用品、衣料品等が残っていた。

七月　日本社会党などの国会議員が辛光洙ら「在日韓国人政治犯の釈放に関する要望」を韓国盧泰愚大統領に送る

八月　警察発表　山川健作（新潟県長岡市の自宅を出て行方不明・当時五十九歳）

加藤　悦子（かとう　えつこ）

昭和二十三（一九四八）年一月三日生れ。失踪当時四十一歳。身長一六〇センチ。体重五五キロ。血液型O型。趣味は畑仕事、農作業。

平成元（一九八九）年八月二十三日、愛知県尾張旭市の自宅から家族を送り出し、午前中看護婦として勤務する医院を無断欠勤。夕方、外から自宅に「ご飯を作って食べていてくれる？」と電話したが家に戻らなかった。当日夜、夫が鏡台内から「これから旅に出る」という手紙を発見。翌日には鹿児島の実家、兄弟姉妹、当時から過去の交友関係などすべて調べるが手がかりなし。いつも持ち歩いていたバック、通帳、印鑑も家においたまま。現金を引き出した痕跡もない。また看護婦免許も家に置いたまま。服も持ち出した形跡もなかった。

矢島　克己（やじま　かつみ）

昭和四十（一九六五）年四月四日生れ。失踪当時二十四歳。身長一六五〜一六七センチ。体重四八〜五〇キロ。血液型AB型。細身。色白。趣味は能楽、アマチュア無線、旅行。近視でコンタクトレンズ使用。夜家では眼鏡をかけていた。埼玉県大宮市（現さいたま市）に居住。大学院生。

平成元（一九八九）年八月、一週間の予定で北海道を旅行。八月二十一日、埼玉県の自宅を出て列車で小樽へ出発。二十二日と二十三日は先輩と一緒で、二十四日先輩が先に帰り、二十四日、二十五日とそれぞれ道内のユースホステルに宿泊した。二十六日に網走市の小清水原生花園ユースホステルを出発したところまで確認できたが、その後不明。宿帳の文字も本人のものと確認。

九月　警察発表　三浦忠男（神奈川県横浜市の自宅を出て行方不明・当時三十四歳）

十一月十二日　警察発表　西本研一（千葉県市川市の会社寮から行方不明・当時四十八歳）

山下　貢（やました　みつぐ）

昭和二十五（一九五〇）年七月五日生れ。失踪当時三十九歳。家族は妻と三人の子ども。作業員。

平成元（一九八九）年十二月二十七日早朝、「魚を釣ってくる。早う帰る」と言って車で福井県敦賀市の実家を出かけたが、夕方になっても家に帰ってこないので探しにいくと、越前町牛房が平（ごぼうがだいら）の国道三〇五号線沿いの海岸で無人の車が見つかった。車には鍵がかかっていた。道路から海に降りていく途中でエサ箱は見つかったが、エサは殆ど使われていなかった。またおにぎりを三個持って行ったが一個だけ食べてあった。冬に履く長靴は車にあった。釣り用の長靴に履き替えたと思われる。釣り竿は未発見。地元警察によれば、付近一帯の検分・捜査をしたが何も見つからず、自殺や交通事故の可能性も低いとのこと。
◎拉致濃厚

【平成二（一九九〇）年】

一月　警察発表　竹内喜文（新潟県上越市の自宅を出て行方不明・当時四十七歳）

河田　君江（かわた　きみえ）
昭和四十一（一九六六）年八月十五日生れ。失踪当時二十三歳。身長一五二〜三センチ。体重四七〜八キロ。血液型B型。靴のサイズ二三・五センチ。左の手の甲に三歳頃の火傷の痕が残っている。和裁。山口県豊浦町（現下関市）に居住。

平成二（一九九〇）年二月七日夕刻、勤務先の縫製工場の仕事を終え、自家用車で会社を出

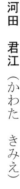

たまま行方不明。勤務先の社長から旧知の祖母に「無断欠勤している」と連絡が入り、失踪が判明。約二週間後、山口県阿武町の国道一九一号線沿いの駐車場敷地に君江さんの車が放置されているのを兄が発見した。ドアの鍵は施錠されていた。君江さんはきれい好きだったにもかかわらず、車内はフロアが泥や雑草で汚れていた。また車内に血痕のついたカミソリ、長門市や島根県出雲市で発行されたレシートなどが残されていた。失踪後、複数の知人に不審な電話が数回あった。

◎拉致濃厚

三月　警察発表　佐藤美奈子（神奈川県秦野市の秦野駅で友人と別れ行方不明・当時十七歳）

五月　在日商工人安商宅の家宅捜索が圧力により打ち切り

八月　警察発表　森山幸子（新潟県三条市の東三条駅で目撃された後行方不明・当時二十五歳）

八月四日　警察発表　池永三和子（鹿児島県屋久島の登山道で行方不明・当時三十八歳）

九月　金丸・田辺訪朝団「三党共同宣言」発表・第十八富士山丸乗務員が帰国

十月　警察発表　工藤哲也（杉並区のアパートをひき払った後行方不明・当時三十六歳）
十月　警察発表　鈴木悦人（神奈川県横浜市の会社寮を出て行方不明・当時三十歳）
十月二十八日　美浜事件（北朝鮮工作船と工作員二名の死体が漂着）

清水　桂子（しみず　けいこ）

昭和四十三（一九六八）年十二月九日生れ。失踪当時二十二歳。身長一六〇センチ。体重四〇キロ。血液型ＡＢ型。前歯が差し歯。書道の免許を持っている。趣味はお茶。スポーツはバレーボール。農協職員。

平成二（一九九〇）年十二月十三日、岡山県芳井町（現井原市）の勤務終了後、職場を出てから消息不明。帰途に農協の共和支所に立ち寄る予定だったが、「午後六時に少し遅れる」と本人が電話で連絡したが同支所に姿を現さなかった。当日夜十時頃、井原市内の書店駐車場に本人の車があるのを母が発見。車内は荒らされていなかった。近所の人の年末調整の証明書など頼まれたものが車の中に残っていた。運転免許証、財布、ハンカチなどの入った小さなバッグだけが車内になかった。運転の時は黒いズックを使っていて、普段履いていたハイヒールは車の中に残っていた。またキャッシュカードが四つ折りにして小田川の土手に投げ捨ててあったのを近所の人が見つけた。三月には結婚が決まっていて、休日には楽しく準備していた。

◎拉致濃厚

【平成三（一九九一）年】

一月　有本恵子さんの両親が記者会見を開き氏名を公表しようとしたが北朝鮮に近い筋からの説得によって止められる

一月　日朝国交正常化交渉第一回会合

大政　由美（おおまさ　ゆみ）

昭和四十二（一九六七）年四月五日生れ。失踪当時二十三歳。身長一五〇センチ。血液型A型。下唇の下に縫合痕。

平成三（一九九一）年三月に三重大学を卒業。三月二十七日夜、韓国慶州ユースホステルにチェックイン、翌朝十時に荷物を置いたまま外出し、その後消息不明。考古学専攻。単身韓国を訪れていた。四月からは研究生として同大学に通う予定だった。失踪後、愛媛県の実家に無言電話が数回あった。また失踪の約ひと月後、愛媛県の実家の近くに二、三人が乗った黒っぽい車が日中隣の家の前に長時間停まっていた。

◎拉致濃厚

三月二十八日　警察発表　川上聡・末吉和幸（鹿児島県姶良町恩川からボートで出て行方不明・当時二人とも十四歳）

四月十二日　警察発表　佐藤琢磨（東京都国立市内で行方不明・当時三十一歳）

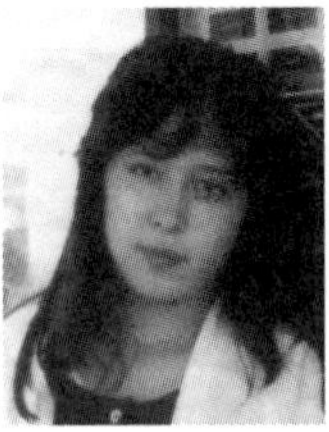

佐々木　悦子（ささき　えつこ）

昭和三十八（一九六三）年十二月六日生れ。失踪当時二十七歳。身長一六二センチ。体重五二キロ。血液型ＡＢ型。頭髪は背中くらいまで長め。左目の下に泣きぼくろあり。両手共ふっくらとしているが指先が細い。当時銀行に派遣社員として勤務していた。

平成三（一九九一）年四月二十二日、仕事は休みだったが、家族に事情を伝えず、いつもどおりの出勤の時間に埼玉県浦和市（現さいたま市）の自宅を出かけたまま行方不明になった。運転免許証、パスポートは自宅に置いたままで、銀行の預金もその後引き下ろされた形跡がない。権革氏が平成六（一九九四）年六月頃、五四五四部隊の通信局で会ったと証言。また別の亡命者が一九九五年頃、日本の風習を教えていた日本人女性の教官によく似ていると証言している。
◎拉致濃厚

五月上旬　警察発表　大宮のぶ子（京都府京都市内の自宅から行方不明・当時三十六歳）

小野寺　将人（おのでら　まさと）

昭和四十二（一九六七）年二月十五日生れ。失踪当時二十四歳。身長一七一センチ。体重六〇キロ。血液型O型。交通事故の後遺症で左目の視力がない。眼鏡をかけている可能性あり。喘息の発作を起こす。北海道登別市のホテルに勤務。

平成三（一九九一）年七月十八日、富良野ラベンダー祭に行くため、登別駅をレンタカーで出発。一泊二日の予定だったがホテルが取れず車中泊。翌十九日失踪。家族が新聞に尋ね人の広告を出した。二十六日、十勝岳中腹のホテル駐車場でレンタカー発見。運転免許証はなくなっていた。銀行から預金は引き出されていない。
◎拉致濃厚

森本　規容子（もりもと　きよこ）

昭和四十七（一九七二）年十一月二十五日生れ。失踪当時十八歳。身長一六〇センチ。体重四三〜四五キロ。血液型A型。やせ型。色白。おとなしいが明るく素直。約束は必ず守る。会社員。当時歯科に通って前歯を矯正しているところだった。

平成三（一九九一）年九月二十二日、大阪市梅田の本屋に行くと言って兵庫県西宮市の自宅を出たまま消息不明。部屋は普段どおりで、手帳やパスポートは自宅にあった。所持品は黒の小さなショルダー・ビニール・バッグ、財布ぐらい。所持金少々。失踪前日の二十一日夜、友人と電話で二十九日に映画を観る約束をしている。

◎拉致濃厚

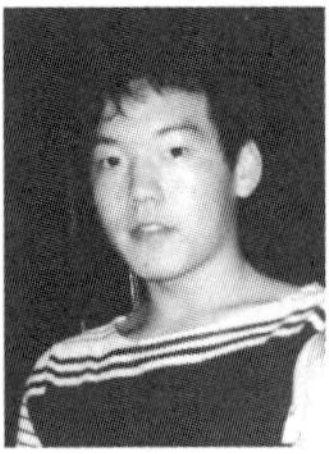

橘　邦彦（たちばな　くにひこ）

昭和四十七（一九七二）年九月三日生れ。失踪当時十九歳。身長一六八センチ。体重五六キロ。血液型O型。両足に手術の痕。東京都内の専門学校に通っていた。

平成三（一九九一）年十月十五日夜、静岡県沼津市の自宅に四十歳代くらいの男性の声で電話があり、母が出て本人にかわる。長時間の電話で、話すより聞いている方が多かった。その後財布、ハンカチ程度で何の準備もなく自宅を出かけたまま消息不明。部屋はそのままで、半年前にとった運転免許証も置いて歩いて出た。前日、預金通帳から一万円引き出されていた。失踪後、夜中十二時ごろ、四〜五回電話があったが、ザーザーという機械音しか聞こえず、応答しても返事が返ってこなかった。その後も住民票の移動、運転免許証の取得もなし。

◎拉致濃厚

福山　ちあき（ふくやま　ちあき）

昭和四十八（一九七三）年九月十六日生れ。失踪当時十八歳。身長一五六センチ。体重四五〜六キロ。右の目の上のまぶたの上に子供の頃の傷がかすかにある。大阪府立住之江高校三年生。

平成三（一九九一）年十一月三日午前六時頃、キャラクター・ショーのアルバイトのため大阪市浪速区の自宅を出かけ、自転車で地下鉄御堂筋線大国町駅まで行き、電車で奈良のあやめ池遊園地へ向かった。仕事が終わり、いったん淀川区の会社に寄って、アルバイト先の友人と御堂筋線で帰途につき、午後六時二十分に大国町駅の一つ先の動物園前駅で別れていた。その時は「(ショーのときに着用する) スパッツを買いに行こうかな」と言っていた。午後十時半頃、ボーイフレンドから自宅に電話があった。ちあきさんと電話をする約束をしていたが、本人は帰宅せず。自転車は大国町駅近くの自転車置き場に残されていた。
◎拉致濃厚

保泉　泰子（ほいずみ　やすこ）

昭和十一（一九三六）年八月二十五日生れ。失踪当時五十五歳。身長一四三センチ。体重四三キロ。血液型О型。元看護婦。

平成三（一九九一）年十一月十日午後五時頃、愛知県日進市の家を出て近くのコンビニエンス・ストアーに行ったまま帰らず。失踪時は家を建て替え中で、コンクリート工事の人に出すお茶が切れていたため購入するために出かけていた。新しい家ができることを誰よりも楽しみにしていた。所持品は財布と買い物手提げ程度。所持金も小額。普段着だった。失踪後、自宅に無言電話が月に二～三回あった。

【平成四（一九九二）年】

十二月　警察発表　本間進（新潟県金井町―現佐渡市―の自宅を出て行方不明・当時四十七歳）

十二月　金正日書記、人民軍最高司令官に推戴

松橋　恵美子（まつはし　えみこ）

昭和四十（一九六五）年五月十五日生れ。失踪当時二十六歳。血液型B型。被服製造会社に勤務。

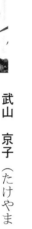

平成四（一九九二）年一月十五日、祖母に「鷹ノ巣に行って来る」と告げて秋田県合川町(現北秋田市)の自宅を車で出かけたまま戻らなかった。友人の家に行ったのだろうと思っていたら、翌朝会社に出勤していないことがわかる。家族で探したところ、能代市の落合浜で車が見つかった。車内には身の周りのものが全て残っていた。

◎拉致濃厚

一月　北朝鮮、核査察協定に調印

五月　警察発表　東條薫（千葉県千葉市の自宅を出て行方不明・当時二十五歳）

武山　京子（たけやま　きょうこ）

昭和十（一九三五）年十二月二十日生れ。失踪当時五十六歳。身長一四六センチ。胸部中央にほくろ、左手中指と薬指に変形あり。和裁、洋裁ともにできた。植物や野菜が好きで栽培していた。普段の身なりは質素。平成四（一九九二）年八月に勤務する会社を退職する予定だった。

平成四年六月十二日、午前八時半頃、タケノコ採りに北海道浜益村幌と床丹の間（現釧路市）の山林に入り行方不明。山には慣れた人だった。大捜索するが遺留品は全くなし。通帳と印鑑を自宅に残したまま。
◎拉致濃厚

八月下旬　警察発表　金井健一郎（埼玉県上尾市の自宅を出て行方不明・当時二十二歳）

八月　中韓国交正常化

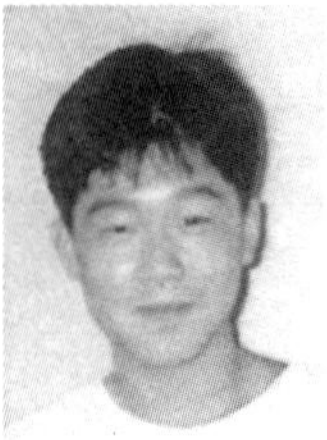

笹垣　範男（ささがき　のりお）
昭和四十九（一八七四）年三月四日生れ。失踪当時十八歳。身長一六八センチ。体重五八キロ。血液型A型。剣道をしていたので利き腕側の胸が厚い。剣道二段。横浜市の予備校に通っていた。
平成四（一九九二）年九月十二日、神奈川県三崎市の自宅で母親が出勤する午前九時には「今日は予備校の空いている教室で勉強できるので行くかも」と言っていた。姉が昼に出かけるときはまだ自宅にいた。しかし家族が外出している間に行方不明となる。予備校に登校したかどうかは不明。普段と同じ服装、お金も四、五千円しか持っていない。外出する時に必ず持って出かける鍵は、机の中に残されていた。失踪十日位前から誰かと会っている様子で、かなり遅い時間に帰ってきた。

十一月頃　警察発表　池畑真琴（京都府京都市内の自宅を出て行方不明・当時三十三歳）

十一月　日朝国交正常化交渉で日本側が李恩恵の消息確認を求め、交渉が決裂

【平成五（一九九三）年】

三月　北朝鮮核拡散防止条約脱退を宣言

五月二十九日　北朝鮮弾道ミサイル発射、能登半島沖に着水

田中　正道（たなか　まさみち）

昭和二十三（一九四八）年六月二十八日生れ。失踪当時四十四歳。身長一六八センチ。体重五五キロ。やせ型。測量、ガス、足場、玉掛の技術を持っている。趣味は読書。飲酒、喫煙の習慣あり。スポーツは水泳。建設業。

平成五（一九九三）年六月七日、当時身を寄せていたアパート住人に「今から仕事に行くのでまた来たときに寄らせてくれ」と言って出ていったのが最後。失踪前に急性アルコール中毒で千葉の病院に入院し、六月二日、本人から「明日退院して、免許の更新に茨城に行ってくる」と鹿児島の妹に連絡がある。六月十一日、千葉県の習志野警察署から妹に「車が習志野市内に放置してあるから取りに来るように」と電話があった。車は斜めに放置されキーが挿されたまま。ドアの鍵も開いていて、後ろの車輪がパンクしていた。車内には運転免許証、保険証、預金通帳、印鑑、入院時の下着類、仕事着、アドレス帳などがあった。

◎拉致濃厚

田中正道さんの妹村岡育世さんのメッセージ

「兄さん」育世です。元気にしていますか。忽然と失踪してから二十六年もの長い歳月が流れてしまいましたね。はじめ私の前から居なくなることなど考えられず、何が何だか分からず悩みました。当時何度千葉に足を運んだか分かりません。「ひょっと」したら会う事ができるのではないかと、姿を求め期待し捜しました。又先月韓国まで皆様のお力で行かせていただきました。鳥頭山統一展望台に行ったら、目の前に北朝鮮が見え涙が止まらず、こんなにも近くにと、思ったら気持ちを抑えるのがやっとでした。目に焼き付けてきました。ひと目でいいから「会いたい。兄さん会いたいネ」。茨城のお墓も二〇一一年に新しく立て直し、従兄弟の幸ちゃんが見てくれています。腰の手術をしてやっと歩行器で歩いているそうですが、正道が帰ってくるまで頑張ると言ってくれています。

夫弘美は、兄さんのことを心配しながら心臓の手術がうまく行かず、十九年前に亡くなりました。

子供たちは皆独立して、国分の家は私一人になってしまいました。兄さんがいつ帰ってきても分かるように国分の家で待っています。必ず日本政府が助けてくれると信じ、くれぐれもお体に気をつけて下さい。

七月頃　警察発表　田中真利子（沖縄県石垣市の自宅から出て行方不明・当時二十七歳）

七月十五日　警察発表　榮厚隆二（鹿児島県奄美市内で行方不明・当時五歳）

小川　雅樹（おがわ　まさき）

昭和四十三（一九六八）年八月二十日生れ。失踪当時二十五歳。身長一七三センチ。血液型B型。乱視で眼鏡、コンタクトレンズ使用。

平成五（一九九三）年八月三十一日、東京都渋谷区の知人宅で「荷物はあとで取りに来る」と言って出て行ったまま行方不明となる。大学卒業後の平成五年四月から八月末まで、北海道で競走馬を育てる養成所で住み込みのアルバイト。退職後、神奈川県の実家に帰らず、渋谷区の知人宅に滞在した。荷物はサンドバッグの形をした布袋で、中には衣類、写真、小銭しか入っていない財布（中に運転免許証）が入っていた。また荷物の中には手帳も残されていた。

九月　工作員（当時）安明進氏休戦ラインを越えて韓国に亡命

十月　警察発表　大関正也（東京都豊島区の自宅から行方不明・当時二十一歳）

十一月　国連総会で、北朝鮮に対する核査察の完全履行を求める決議

【平成六（一九九四）年】

仲桝　忠吉（なかます　ちゅうきち）

昭和十八（一九四三）年七月十日生れ。失踪当時五十歳。血液型O型。

平成六（一九九四）年二月三日、船長を務めるマグロ延縄漁船「第一五武潮丸」でフィリピン東方海域にて操業中、行方不明となる。乗組員は船長・仲桝さん含め七名で、船も人も見つかっていない。以前沖縄県水産試験場漁業調査船の甲板員も務めていた。

二月　国際原子力機関、対北朝鮮制裁決議

富川　久子（とみかわ　ひさこ）

昭和三十三（一九五八）年二月十八日生れ。失踪当時三十五歳。身長一五三センチ。体重五〇キロ。血液型A型。痩せ型。主婦。コンタクトレンズ使用。明るく社交的で頭も良かった。足の裏にアザ。趣味はゴルフ。酒は付き合い程度に飲む。

平成六（一九九四）年二月十四日、沖縄県石垣市で失踪。当日知人に会うためゴルフ練習場

を訪れ、子どもを預けて近所のスーパーに行ったまま行方不明。翌日昼過ぎに「車が見つかった」という連絡があり、発見された御神崎灯台に行くと鍵は開いていてキーは車に挿したまま。帽子もバックも車の中にあり、運転免許証だけがなかった。未確認だが、脱北者の「北朝鮮で目撃した女性に似ている」との情報がある。
◎拉致濃厚

【平成七（一九九五）年】

三月初旬　警察発表　吉井真三（フランスへ渡航し家族に電話した後行方不明・当時二十六歳）
六月　カーター米元大統領が平壌訪問、核開発凍結で合意
七月八日　金日成主席死去
九月二十九日　警察発表　肥田珠紀（大阪府内の自宅を出て行方不明・当時二十二歳）
十月二十一日　ジュネーブで核問題に関する米朝枠組合意

加藤　義美（かとう　よしみ）

昭和十八（一九四三）年十一月二十二日生れ。失踪当時五十一歳。鹿児島県喜入町（現鹿児島市）に居住。港湾作業台船乗組員。港湾工事のため、平成七（一九九五）年二月四日から鹿児島県屋久島の宮之浦港に入港していた。

二月十五日午後七時半から寝泊まりしていた船内で焼酎一～二杯を飲み、その後他の船員と四名で宮之浦の二軒のスナックで焼酎やウィスキーを飲んだ。午後十一時頃、加藤さんを仲間の一人がタクシーで船まで送り、岸壁から船へかけてある木の橋を渡って船に入った。仲間は店に引き返して同僚と飲み、午前〇時過ぎに船に戻った。翌朝、七時過ぎに起きてくる加藤さんのが姿が見えないので二階の部屋を訪れたがいなかった。一階食堂に外出時着ていた財布の入ったジャンパーと履いていた靴だけが残っていた。数日にわたり、警察、消防団、潜水作業員などで海岸線、海底等を捜索。海保の巡視船も出動したが何も見つからず。

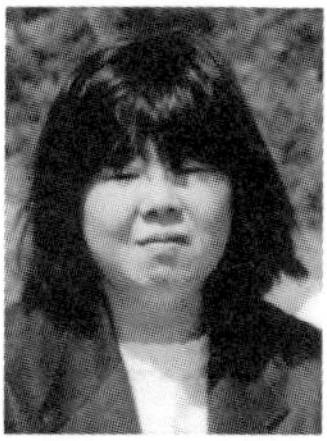

植村　留美（うえむら　るみ）

昭和四十六（一九七一）年七月十四日生れ。失踪当時二十三歳。身長一六五センチ。体重七四キロ。血液型B型。近視。色白。八重歯。猫背。肩周辺にシミがある。靴のサイズ二十四・五センチ。

平成七（一九九五）年三月二十六日朝六時ごろ、大阪府美原町（現堺市）の自宅から散歩に出たまま行方不明。家族で駅など心当たりを探したが見つからなかった。また近所の住民、父の会社の社員などで川、山、小屋、空き家などを十日ほど探すが手がかり、目撃者なし。軽装で遠出する服装でなく、財布、バックも持たない。

植村留美さんの父植村照光さんのメッセージ

「ただいま」「おかえり」…たったこれだけのことが二十四年たっても、なんでない？　この日本の国で耐えて耐えて二十四年。七十歳をすぎた。つかれた……

今何してる？　寒くないかい？　腹減ってないかい？　苦しくないかい？

弟、妹もいる。母さんも、じい、ばあちゃん、職人も…がんばらないと……仕事しているときはいい。仕事しない時、夢を見た時、つらい。だれにも話せない。母さんも同じ。一人涙流して苦しむ。その方がいい。仕事も辛い、厳しい、苦しい方が忘れておれるから。一人の娘も守ってやれない親。こんな日本じゃない。夢なんだ。帰ってくる、いつか必ず……　その日、「がんばった」と言える様、耐え続けねば。

ごめんよ留美ちゃん。守ってやれなくて。鳥や獣さえ必死で子供を守るのに、なさけない。

「おかえり」の言える日を今日も待つ。「ただいま」の一言を。

一目あいたい。

植村留美さんの母植村光子さんのメッセージ

留美ちゃんへ

名前を呼ぶだけで二十四年たったいまでも涙が出てきます。二十三歳で消息不明になり、一緒に暮らした分を過ぎてしまいました。

母さんがよく見る夢は二十三歳の顔のままの留美ちゃん。目が覚めて夢をたどっていっても途中で道がなくなり、迎えに行きたくても行けません。父さんもよく夢を見て寝られず、朝まで本を読んだりして気を紛らわしています。

平成七年三月二十六日、この日を思い出すと悔しさでいっぱいになります。

もっと捜せなかったか。近所の人達、親戚、会社の人、力を借りてまだ雪がちらつく中探し回りました。一週間が過ぎ一年そして二十三年、なんの手がかりもないまま留美ちゃんを見つけてあげられなくて、ごめんなさい。

父さん、母さんは留美ちゃんに会える事を信じて頑張って帰りを待ちます。

三月　自社さ連立与党代表団訪朝（渡辺美智雄団長）

福本　勝利（ふくもと　かつとし）

昭和四十七（一九七二）年六月十六日生れ。失踪当時二十二歳。身長一七二センチ。体重五二キロ。十八歳のとき脳腫瘍手術をしているため頭の後ろに十センチ角の傷があり、頭上前から耳の後ろを通って皮の中側に体の前の方へ管が入っている。バレーボールをしていた。いなくなった時の服装は、青色の上下作業服　安全靴　メガネ　腕時計。

兵庫県高砂市の家の仕事（漁業）を手伝っていたが、手術もしていたため疲れやすく、休むことも多かったので、平成七（一九九五）年、求人広告で京都市下京区で紹介された滋賀の会社へ行く。一度見学し、自分に出来そうなので行きたいと言い、寮に入って仕事をすることになる。これといって変わった様子はなかったが、出勤一日目の五月十一日に突然いなくなった。会社のロッカーに財布や中の現金など鞄の中身がそのまま残っていた。

小宮山　広明（こみやま　ひろあき）

昭和三十九（一九六四）年十一月二十二日生れ。失踪当時三十歳。身長一六七センチ。体重六〇キロ。血液型ＡＢ型。近視でメガネをかけていた。長野県千曲市の工場に勤務していた。

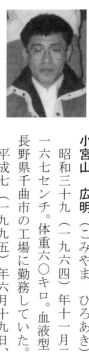

平成七（一九九五）年六月十九日、車で長野県坂城町の自宅を出かけたまま失踪。車も見つかっていない。失踪当時の自宅には他の家族は不在だった。

七月　警察発表　神山清輝（東京都昭島市の自宅を出て行方不明・当時二十一歳）

曽ヶ端　崇史（そがはた　たかふみ）

昭和四十八（一九七三）年六月十九日生れ。失踪当時二十二歳。身長一七〇センチ。体重八〇キロ。高校時代山岳部で登山が趣味。煙草を吸う。酒を飲む。野球部にいた。北海道釧路市に居住。大学三年生。厚岸町で塾のアルバイトをしていた。

平成七（一九九五）年八月二十四日、アルバイト終了後、バイト先の仲間と八人位で曽ヶ端さん所有の車など数台で午後九時過ぎに釧路市内の軽食喫茶に行く。そこを出てから後輩らを車から降ろして下宿に向かったが、それ以来消息なし。二十六日夕方、実家から下宿先に電話するが応答が無かった。下宿に戻ったかどうかも分からない。下宿は洗濯機の中に洗濯物が入ったままで、窓は開けたままだった。車も不明。

松永　正樹（まつなが　まさき）

昭和四十（一九六五）年一月十四日生れ。失踪当時三十歳。運送業をしていた。

平成七（一九九五）年八月二十八日未明、「福井へ十日から二週間、仕事で行ってくる」とメモを残して香川県善通寺市の自宅を車で出たまま行方不明となる。九月十四日、北海道の消印で本人から本人宛に出した封書が自宅に届く。三週間過ぎても帰らないので開封すると、車番号、銀行口座番号、印鑑、暗証番号、車のキーが入っていた。十二月、乗っていた車が北海道苫小牧市内で見つかる。クレジットカードの明細などから福井県や北海道などで給油していたことが判明。また青森で現金を下ろしていたこともわかった。

◎拉致濃厚

八月二十九日　警察発表　白石耕司（オーストラリアの自宅から行方不明・当時二十四歳）

十月　日本から五十万トンの米を食料援助として北朝鮮に送る

岩本　美代子（いわもと　みよこ）

昭和三十三（一九五八）年十二月二十日生れ。失踪当時三十六歳。身長一五五センチ。体重五〇キロ。写真で宮崎県展に入選した。建設会社社員。

平成七（一九九五）年十一月五日、結婚を考えていた相手と日向方面にドライブを予定しており、宮崎県佐土原町（現宮崎市）の自宅を車で出発。フェニックス自然動物公園で待ち合わせをし、自分の車をそこに駐車して相手男性の車で出かけた。交際相手によれば、途中で計画を中止し、正午頃「フェニックス自然動物公園」駐車場で別れたという。その後行方不明。のちに石崎浜海岸に車両が発見された。鍵はついたまま。車内に交際相手から送られたと思われるウイスキーが車内に撒かれていた。また当日出がけに祖母から手紙の投函を託されたが、のちに配送された手紙の消印が、自宅から約四〇キロ南で、当日の予定とは反対方向にある鵜戸郵便局となっていた。

【平成八（一九九六）年】

武内　卓（たけうち　たかし）

昭和三十二（一九五七）年一月二十日。失踪当時三十八歳。身長一七九センチ。血液型O型。髪が薄い、車が大好き。移動式クレーン免許、特殊無線技士。趣味は音楽。平成七（一九九五）年九月一日にアメリカより帰国。十一月二十九日に横浜市鶴見の警備会社に就職し、寮に入って十二月一日から働いていた。

平成八（一九九六）年一月十二、十三日と連休でレンタカーを借りていたが、十三日になってレンタカー会社に「一日延ばして欲しい」と連絡してきた。それを最後に行方不明。二十三日、会社から高知県の実家に電話があって失踪が判明。寮の部屋に変わったことはなかった。車は神奈川県の大山（おおやま）の麓のガソリンスタンドから一時間ほどのところに置いてあり、中にはジャンパー、封筒に入った地図、パンなどを食べた紙があった。また十四日朝八時に丹沢山麓のガソリンスタンドで満タン給油したレシートもあった。

二月　警察発表　山内正明（大阪府岸和田市内の飲食店を車で出た後行方不明・当時二十三歳）

三月　警察発表　金田卓（留学先の中国北京の学生寮から行方不明・当時十九歳）

三月　よど号犯田中義三、カンボジアで逮捕

田中　浩史（たなか　ひろし）

昭和三十五（一九六〇）年六月十一日生れ。失踪当時三十五歳。身長一七〇～一七二センチ。体重五〇キロ。血液型B型。やせ型。顔色浅黒。実年齢より若く見える。料理は得意と思われる。手先が器用。喫煙。酒・ビール飲む。腰痛持ちのためやや足を引きずり加減で歩く。肩こり、腰痛、喘息性気管支炎の持病あり。京都市のビルメンテナンス会社に勤務。

平成八（一九九六）年四月五日朝七時半、いつもどおり時間に出勤のために車で京都市の自宅を出たが、昼過ぎに勤務先から欠勤していると連絡あり。ポケベルで呼び出すが連絡なし。十日、福井県丹生警察署から「丹生郡河野村（現南越前町）の海岸沿いに車を発見した」との報あり。夕方確認のため出向くと、車の中に本人のバッグ、ポケベル、運転免許証があったが、財布は発見できず。海も捜したが見つからなかった。六月になって福井県警から文書が届く。四月五日午前中に福井県内でスピード違反で検挙された罰金の納付書で署名は本人のものだった。

◎拉致濃厚

四月八日　東亜技術工業外為法違反事件（北朝鮮への不正輸出で社員が逮捕）

安西　正博（あんざい　まさひろ）

昭和四十三（一九六八）年九月十九日生れ。失踪当時二十七歳。身長一七三センチ。血液型Ｂ型。色白で笑うと八重歯が見える。髪はくせ毛。近視で眼鏡使用。名古屋市の会社員で会社寮に居住。

平成八（一九九六）年四月十四日、当日は日曜日で、名古屋市の会社寮管理人が玄関で「安西君、食事はどうする？」と声をかけると「食べます」と言い、近所に買い物に行くような感じで車で出かけたが戻らず。前日午前中出勤し、会社の帰りに買った単行本三冊が机の上に置いたまま。銀行預金も引き出されていない。車は見つかっていない。およそ一週間前に栃木県の実家に電話し、「四月下旬に結婚式に出席するため九州に行き、五月の連休後半に帰省する」と連絡。失踪後に会社寮の部屋に行くと、礼服の内ポケットに祝儀袋が入っていた。

金田　祐司（かなた　ゆうじ）

昭和三十五（一九六〇）年七月二十二日生れ。失踪当時三十六歳。渡米前まで大阪府職員。

平成八（一九九六）年七月、「ＭＢＡ資格」取得のため関西国際空港から渡米したが八月二十四日頃、十九日付の手紙で「病気になったので帰国して治療する」との連絡が大阪府堺市の実家に届いた。その後消息不明。のちに八月二十日に関西空港に帰国している事が判明。帰国後、大阪など数カ所のＡＴＭで現金を引き出し、防犯カメラの記録映像から本人と確認されているが、堺の実家に帰らず、連絡もなかった。

九月十八日　韓国東岸の沖合で北朝鮮潜水艦が座礁、乗組員の半数が自決、一名逃亡、一名逮捕、残りは射殺

田辺　真理子（たなべ　まりこ）

昭和四十三（一九六八）年十一月十四日生れ。失踪当時二十七歳。身長一五五センチ。体重五五キロ。血液型Ａ型。髪は染めていないが少し赤茶けている。

平成八（一九九六）年九月二十七日、勤務先のあった広島市中区本通りの服飾店から自宅までの間の道で行方不明となる。自宅と勤務先まで徒歩で十五～二十分を通勤していた。家族が二十九日に下宿に行ったが、ハンドバックなどが残っていなかったことから勤めから帰った様子はなかった。また部屋の箪笥の上に五十万円が置かれていた。母が毎朝電話をしていたが、二十八日朝は母が電話しても出なかった。住所の変更、運転免許証の更新はされていない。

十月十日　警察発表　川田久雄（鹿児島県与論島から釣りに出た後行方不明・当時四十六歳）

【平成九（一九九七）年】

二月三日　横田めぐみさんらの拉致が国会での西村真悟衆院議員質問と産経新聞・「ＡＥＲＡ」報道で明るみに

三月十四日　警察発表　濱井絵理（石川県野々市町ー現在野々市市ー内の勤務先を出た後行方不明・当時十八歳）

五月一日　日本政府が横田めぐみさんについて事実上の拉致認定。「拉致被害者は七件十人」と公式に認める

五月　警察発表　芝崎貞夫（大阪府大阪市在住。この頃家族と連絡が取れなくなり行方不明。当時六十五歳）

五月　警察発表　大城エミリ（沖縄県うるま市の自宅を出て行方不明・当時二十二歳）

佐藤　剛生（さとう　たけお）

昭和四十六（一九七一）年十一月三十日生れ。失踪当時二十五歳。身長一七〇センチ。体重七〇キロ。血液型A型。眼鏡使用。高校時代は水泳部に所属。長距離走に興味を持ち、ミニトライアスロンに出場したこともあり。情報処理技術一種。喫煙飲酒あり。

平成九（一九九七）七月二十九日午前中、システムエンジニアとして勤務する千葉県船橋市の会社に出社しないため、会社から寮に電話。寮の管理人が部屋を見にいったところ、本人は電話中でかなりの長電話だった。その後本人の姿を見かけた者はいない。午後、JR船橋駅近くのATMで現金を引き出しており、防犯カメラに本人が写っている。また午後三時頃、寮の向かいの内科医に行っていた。八月初めに会社の先輩グループと登山の計画があり、会社に有給休暇の申請もしていた。

加藤　小百合（かとう　さゆり）

昭和三十九（一九六四）年六月五日生れ。失踪当時三十三歳。身長一五〇センチ。体重四三キロ。血液型ＡＢ型。小柄。眼鏡かコンタクト使用。簿記二級。ワープロ・パソコン。趣味は音楽でエレクトーンなどキーボード。スポーツはスキーほか何でもこなす。会社員で経理事務を担当。

平成九（一九九七）年八月十八日、いつもと同じように神戸市の自宅を軽装で出たまま行方不明。実母が翌日十九日に自宅に電話をするも通じないため、会社に連絡をすると無断欠勤をしているというので失踪が判明。結婚し、子どもが三人いた。

◎拉致濃厚

十月　金正日朝鮮労働党総書記に就任。この前後から北朝鮮で大量飢餓（いわゆる「苦難の行軍」）、大量粛清（深化組事件）

渡辺　栄一（わたなべ　えいいち）

昭和三十（一九五五）年四月十七日生れ。失踪当時四十二歳。身長一六五センチ。体重五九〜六〇キロ。無口。毛深い。建築大工技能士、職業訓練指導員、型枠支保工作業主任者。

平成九（一九九七）年十一月九日、北海道今金町の「花石トンネル」の建設現場から夕刻車で出かけ、行方不明となる。失踪前「一週間くらいで作業終了するから」と自宅に電話で知らせ、その後失踪。翌日警察に捜索願いを出し、地元の警察や消防団が山狩りなど三日間捜索したが何も出てこなかった。約一か月後の十二月七日、本人の車が川沿いで発見され、警察署にレッカー移動されて指紋採取をしたが、指紋は拭き取られていて検出されなかった。

十一月　日本人妻第一次一時帰国

【平成十（一九九八）年】

一月　日本人妻第二次一時帰国

三月　中山正暉拉致議連会長ら訪朝

菊地　寛史（きくち　ひろし）

昭和五十二（一九七七）年十一月二十二日生れ。失踪当時二十歳。身長一六六センチ。体重五六キロ。近視で眼鏡着用。どちらかと言えば内向的で生真面目。やさしくマイペース。趣味はパソコン、読書、バトミントン。

喫煙あり。酒も飲むと思う。長野市に本社のある自動車販売店に就職。
平成十（一九九八）年四月五日、新入社員研修中に長野市の宿泊施設から行方不明。同部屋の同僚に「ジュースを買ってきてくれ」と頼み、買って部屋に戻るといなくなっていた。荷物、運転免許証、財布、スーツ、靴等も残したまま。眼鏡をかけなければ歩けないほどの極度の近視だったが、眼鏡も部屋に残されたままだった。平成十（一九九八）年から十三（二〇〇一）年ごろ、佐久市の実家の電話を数回鳴らす不審な電話があった。

菊地寛史さんの母菊地恵子さんのメッセージ

寛史元気でいますか
どんな生活をしていますか
平成十年四月一日寛史が社会人としてスタートを切る日、臼田の高速バス（長野行き）のバス停まで送ってから、もう二十一年にもなります。信じられない速さで時は経過しています。二十歳の寛史が、今四十代を迎えたなど・・・
その間に寛史の祖母・祖父は共におまえのことを案じながら、亡くなりました。妹たちは結婚したり、甥が誕生したりと、賑やかな生活も生れています。父さんも退職後は農作業に頑張っています。寛史が帰ってきた時、父さんが一生懸命に作っている米や野菜をお前と一緒に食べたいと思っています。
小学校時代の恩師のS先生には時々お会いすることがあります。その都度、今の状況など心配して下さり、いつも気にかけて下さっています。同級生やそのお母さんからも心配の声をかけて頂きます。親戚の皆さんもいつも心配して下さっています。一日も早く寛史に会えることを願っています。

中村　三奈子（なかむら　みなこ）

昭和五十四（一九七九）年九月十八日生れ。失踪当時十八歳。身長一六三センチ。体重五十六キロ。血液型A型。足のサイズ二四センチ。硬式テニスをはじめスポーツも好き。色白でえくぼがある。長い髪で三つ編みにしていた。高校を卒業して予備校に行く準備中だった。

平成十（一九九八）年四月六日午前中、新潟県長岡市内の予備校に入学金を納めに行く予定がそのまま帰宅せず。後日「入学金の中から三万円借ります」というメモとともに残金が自室で見つかる。出国状況を問い合わせると七日午前九時にソウルへ出国したことがわかった。搭乗券購入先へ問い合わせをすると、「中村三奈子の名前で（中年のハスキーな声の女性）搭乗券の依頼あり。新潟空港で出発当日搭乗券を受け取るとのこと。出発当日の朝、この名前で女性に搭乗券を渡した。大きな荷物もなく、人を探している様子できょろきょろしながら国際線の階段を上がった」とのことだった。未確認だが北朝鮮にいるという情報がある。

中村三奈子さんの母中村クニさんのメッセージ

写真の中の三奈子の笑顔を毎日見ています。

平成十年四月六日、高校を卒業して一か月後、三奈子は突然家から消えてしまいました。もうすぐ帰ってくることをいつも信じていたのに、あれから、もう二十一年が過ぎてしまいました。

いつも長い髪で三つ編みをしていた三奈子の写真は、右手をピース、笑顔で写っています。「財布を持っていったのだから、二～三日もしたら帰ってきますよ」との言葉から二十年が過ぎてしまいました。二十年は長いです。本当に長いです。

なぜいなくなったのかもわからず、一生懸命捜しました。わかったのは入国カードから三奈子は韓国へ入国したのではないかということだけでした。どうして韓国へ

三奈子はもう三九歳です。いつも気にかけていたアトピーは大丈夫ですか？　体調を崩したりしていないですか？　運動が大好きな三奈子は今でも運動をしていますか？　いっぱいお話がしたいです。三奈子は幸君のおじちゃんに言ってくれたんだってね。

「三奈ちゃんはどこの大学へ行くの？」と聞いたら、「ママが一人になるから遠くの大学には行かないよ」って。

そんな事を言ってくれた三奈子が誰と？　どうして？　どこへ行ってしまったの？

韓国へ入国したのではないかということで、韓国に十数回訪問してきました。

大使館・警察署・県の出張所。そして、韓国に住んでおられるキムさん。

キムさんは「これから私がすることは、三奈子さんをさがすことが私の宿題なの」とまで言ってくださって、韓国へ行くたびにいつも助けて下さいます。

今はとにかく三奈子に会えるために、たくさんの方々に助けていただいています。

せめて、「もしもし三奈子～」に返事が来てほしいです。

一つの行動が少しでも三奈子に近づくことが出来たらと思っていろいろ行動しています。

もうすぐ再訪韓します。韓国で三奈子へのメッセージがテレビで届けられるのです。

三奈子が聞いてくれていると思って精一杯大きな声で訴えてきます。

三奈子　元気でいるよね。三奈子の温かいお布団が待っているよ。

三奈子　元気でいるのよ。絶対負けてはいけないよ。きっとこの声が届くからね。自分を大切にね。

待っています。

林　雅俊（はやし　まさとし）

昭和五十（一九七五）年一月二十日生れ。失踪当時二十三歳。身長一六九センチ。体重五〇キロ。血液型B型。車に興味あり。酒はたしなむ程度。スポーツは野球を観るくらい。岐阜大学工学部の大学院生。

平成十（一九九八）年五月十二日午前九時頃、いつもと同じように「行ってきます」と言って岐阜県内の自宅から大学院へ車で向かったが戻らず。それまでも卒論などで朝帰りや泊まり込みがあったので帰宅しなくても不思議ではなかった。しかし翌日大学院の指導スタッフから「会う約束をしていたが来なかった」と電話がある。十四日、福井県越前町梅浦海岸に車が停まっているとの電話が地元の駐在から自宅にあり、父が現地に向かう。車のドアはロックされており、車内にはパソコン、現金、キャッシュカード、運転免許証、時計などが残されていた。また座席のリクライニングは倒されていた。パソコンには十三日十四時ごろの記録で「このパソコンは義兄にあげる。ゼネコンはいやになった。道を間違えた」と書かれていたが、文面からして別人が書いたものと思われる。

◎拉致濃厚

六月七日　警察発表　加藤繁美（愛媛県松山市の自宅から行方不明・当時三十四歳）

六月　朝鮮赤十字会が「日本の行方不明者は存在せず」と表明

六月二十九日　警察発表　宮脇俊郎（長崎県五島市の勤務先で朝食をとった後行方不明・当時三十六歳）

渋谷　浩邦（しぶや　ひろくに）

昭和三十九（一九六四）年三月一日生れ。失踪当時三十四歳。身長一六八センチ。太り気味。血液型AB型。むち打ちがあり寒いと痛みが出る。趣味は山とスキー、全国の山を登っている。神奈川県庁県税事務所に勤務。

平成十（一九九八）年八月二日朝、「五日夜か六日朝に帰宅する」と言い残して神奈川県厚木市の自宅を車で出発。午後一時頃「(長野県)大町市のホテルに着いたのでこれから山に行く」と自宅に電話があった。車をホテルに預け、そこからバスで山の方向を向かったのをホテルの宿泊客が目撃している。白馬山荘に二泊し、四日の朝五時頃、一人で山荘を早朝に出発したあと、行方不明となる。預けていた車の中には着替えたと思われる衣服が入ったボストンバックが残されていた。

八月　北朝鮮弾道ミサイル発射

九月　金正日、国防委員長に推戴される

辻出　紀子（つじで　のりこ）

昭和四十九（一九七四）年十一月三日生れ。失踪当時二十四歳。身長一六一センチ。体重四六キロ。大学では写真部に所属。三重県伊勢市で地域誌の記者をしていた。

平成十（一九九八）年十一月二十四日午後一一時すぎ、勤務先の残業を終え、車で会社を出たあと行方不明。翌日、会社近くの損保会社の駐車場で車が見つかった。所持品などは残されていなかった。未確認だが北朝鮮にいるという情報がある。

松井　綾子（まつい　あやこ）

昭和五十一（一九七六）年九月十四日生れ。失踪当時二十二歳。身長一五六センチ。血液型B型。近視。検査技師として病院に勤務。

平成十（一九九八）年十二月三日朝、勤務先の病院に「調子が悪いので休む」と電話で連絡し、翌日は病院を無断欠勤。居住していた茨城県水戸市のアパートへ確認に行くと、車がなく、部屋のドアも施錠されていた。実家に電話して家族が部屋に入るが室内には物色された形跡なし。十二月十五日、神栖町海浜公園多目的広場駐車場で自家用車発見。運転席側はロックされておらず、現金の入った財布が助手席のバッグに残されていた。のちに十二月四日朝に国道六号線茨城町のガソリンスタンドで給油（本人の署名による)、昼頃千葉県銚子市のコンビニで昼食を購入し、同県東金市や八日市場市(現匝瑳市)などを車で走行していることが分かった。

十二月　島根県隠岐郡五箇村の海岸に北朝鮮兵士の遺体が漂着

【平成十一(一九九九)年】

二月二十三日　警察発表　梅本征雄(大阪府大阪市の自宅から行方不明・当時五十七歳)

三月二十三日　能登半島沖不審船事案(二隻の工作船を海保巡視船・海自イージス艦が追跡するも逃走。海自は戦後初の海上警備行動発令)

四月二十七日　警察発表　山本勘市(大阪府大阪市の自宅を出て行方不明・当時六十歳)

八月　警察発表　野添英輔(熊本県熊本市内の自宅を出て行方不明・当時六十八歳)

楠本　勤（くすもと　つとむ）

昭和二十二（一九四七）十二月四日生れ。失踪当時五十二歳。身長一六四センチ。体重六十二キロ位。癖毛。英語を話せる。独身。派遣で建築工事施工管理を行う。数回に亘り外国での施工経験あり。

平成十一（一九九九）年十二月二十日、「関西方面へ仕事に行く」と友人たちに伝えたあと、東京都荒川区のウイークリーマンションから行方不明。実家に「これから赴く先の会社で携帯電話を貸与してもらえるから、私物の携帯電話はそちらへ送るので使ってくれ」と電話連絡し、携帯電話を実家に送ってきたのが最後。海外のＯＤＡ関連の仕事で長期間連絡のないことがたびたびあり、行方不明と確認したのは平成十三（二〇〇一）年秋頃。以後預金の出し入れもなく、運転免許証の更新もしていない。失踪後、実家に無言電話があった。

酒井　勇夫（さかい　いさお）

昭和四十五（一九七〇）年五月五日生れ。失踪当時二十九歳。身長一七〇センチ。体重九〇キロ。がっちり型。左頬中央にホクロ。比較的大人しい性格。千葉県の牛乳・酒類などの管理・輸送する会社に勤務。

平成十一（一九九九）年十二月、千葉県の勤務する会社の出張で、広島市の会社に同僚二名と赴き、ビジネスホテルに宿泊しながら作業を行っていた。二十日、主要な作業が終了したため同僚二名を先に帰社させ、本人は微調整のため引き続き作業を実施。二十三日早朝、宿泊先をチェックアウトしたが出張先の会社に姿を現さず、行方不明となる。二十三日午後、宿泊先の北東約一七キロメートル離れた広島県安芸高田市のＡＴＭコーナーで二回に分けて現金が引き出されていたことがのちに判明した。

【平成十二（二〇〇〇）年】

浜崎　真嗣（はまさき　まさつぐ）

昭和四十九（一九七四）年八月二日生れ。失踪当時二十五歳。身長一六〇～一六一センチ。体重五十一～二キロ。足のサイズ二十四センチ。浅黒く、左目の上瞼に二ミリ程度のイボあり。電子装置設計技術を身につけていた。趣味はビリヤード、オーケストラでファゴットを演奏。

平成十二（二〇〇〇）年一月六日、勤務する東京都内の家電メーカーの始業式を無断欠席。翌日、翌々日も出社しないため、人事部係員が会社寮の部屋を点検。のちに家族も寮の部屋へ行った。部屋には一月六日の朝刊（未読）が入れられ、ＰＨＳも置きっぱなしで書き置きもなかった。また布団は敷いたままで食べかけのパンが残っていた。普通の服装で出かけ自転車も置いたままだった。職場の机はすぐにでも仕事が始められるような状態になっていた。のちに給料振込通帳を記帳した結果、一月六日朝六時〜七時に東京でキャッシング、また午後一時半頃、函館で現金を下ろしていたことが判明。失踪後、約一年間に二回、長崎の実家に不審電話があった。

坂川　千明（さかがわ　ちあき）

昭和五十一（一九七六）年十月七日生れ。失踪当時二十三歳。身長一五〇センチ。右にえくぼ。ガソリンスタンド店員。失踪時は給油所の制服（上はワイン色のジャンパー、下は緑色のズボン）を着用。

平成十二（二〇〇〇）年三月七日午後四時頃、ガソリンスタンドの勤務を終え、車で職場を出たまま行方不明となる。翌日、警察から職場から自宅と反対方向である種市町（現洋野町）の小さな漁港に車が放置してあると連絡。車の中には財布、携帯電話、すべて残っていた。また車内には港近くのコンビニでビールを買ったレシートが残されていた。また普段は大音量でカーステレオを鳴らしていたが、音量を小さくしていた。

三月　日朝赤十字会談で、北朝鮮側が行方不明者の調査再開を表明
四月　北朝鮮へのコメ十万トン支援が決定（最終的には五十万トン）

六月十三日　金大中・金正日による初の南北首脳会談

九月九日　警察発表　水村真紀子（千葉県旭市の入院先から行方不明・当時三十一歳）

佐藤　順子（さとう　じゅんこ）

昭和四十七（一九七二）年二月二十八日生れ。失踪当時二十八歳。身長一五三センチ。体重四〇～四五キロ。血液型A型。やせ型。話すと表情が変わる。首に大きめのホクロ。元会社員でワーキングホリデーで海外に行ったり、国内でアルバイトをしたりした。

平成十二（二〇〇〇）年七月四日から以前の職場の同僚とともに欧州を旅行。同僚は約三週間で日本に帰国した。八月二十四日に東京の自宅に電話をしている。スイス・ツェルマットのユースホステルに宿泊し、九月十二日、同宿していた日本人観光客と朝食をとったあとに行方不明となる。二泊三日の予定で、宿泊費を前金で払っていた。十六日、旅行代理店を通じて東京の実家に「佐藤さんが荷物を残して行方不明となった。連絡を取りたい」という連絡が実家に入る。佐藤さんは毎日詳細な日記を書いていたが、失踪前日の九月十一日は日付だけで本文が記されていなかった。失踪した九月に、東京の実家に無言電話が四回あり、電話の向こうからは日本語とは思えない話し声などがあった。

十一月二十一日　新宿百人町事件（在日朝鮮人工作員二名が逮捕）
十二月十五日　警察発表　坂江優（鹿児島県龍郷町から漁に出て行方不明・当時七十九歳）

【平成十三（二〇〇一）年】

松村　哲史（まつむら　さとし）
昭和五十三（一九七八）年一月二十八日生れ。失踪当時二十三歳。身長一七一センチ。体重五二キロ。血液型A型。痩せ形。温和でおとなしくまじめ。趣味はサッカー、プロレス観戦、バイク、スノボー等。岡山市の建設会社勤務。

平成十三（二〇〇一）年二月十二、十三日と会社を休んでいた。十三日の夜十一時過ぎ頃「遊びに行ってくる」と徒歩で岡山市内の自宅を出て深夜〇時前に帰宅した。その後両親が〇時過ぎ就寝後、再度家を出て以来消息不明。部屋に財布（現金、運転免許証、キャッシュカード）があり、預金通帳も残されていた。仕事がハードで会社をやめたがっていた。平成十三（二〇〇一）年十二月頃から翌年二月までに自宅に無言電話は三回あったが、いずれもこちらが「もしもし」と言うとすぐ切れた。

三月二十九日　富山県黒部川河口で工作員の水中スクーターが発見
五月一日　金正男、成田空港で拘束、国外退去
六月十八日　警察発表　天野為之（和歌山県新宮市の自宅を車で出て行方不明・当時五十五歳）
六月二十日　警察発表　岡城雄介（静岡県富士宮市の自宅を出て行方不明・当時二十二歳）

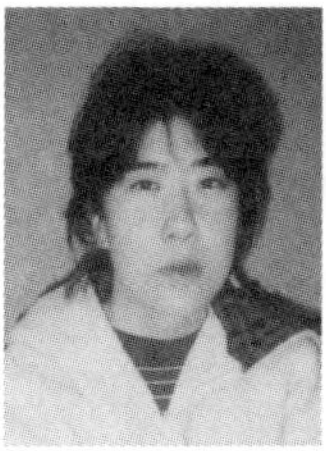

後藤　美香（ごとう　みか）
昭和四十六（一九七一）年七月十三日生れ。失踪当時三十歳。身長一五三センチ。両手を大きく振って歩く。家事手伝い。
平成十三（二〇〇一）年九月十三日朝、東京都江東区の自宅から父親を送り出したあと消息不明。

澤辺　和也（さわべ　かずや）
昭和四十二（一九六七）年五月十五日生れ。失踪当時三十四歳。身長一七八センチ。体重六五〜七〇キロ。左胸に傷。顔の右に大きなほくろ。がに股歩き。細身。お酒は何でも飲め、煙草はホープを吸う。剣道、柔道を

していた。調理師。

平成十三（二〇〇一）年十二月三日夜、京都府宮津市の勤務先から網野町（現京丹後市）の自宅に戻らず。二十日後の二十三日夜、宮津警察署から「宮津市内の山中で車発見」の報。付近の住民が午前二時頃に車が立ち去っていく音、その後爆発音を聞いている。本人の姿はなく、雪解けを待って翌年四月に捜索が行われたが、焼けた車から百メートルほど離れた位置で本人の財布が発見されたのみであった。

賀上　大助（かがみ　だいすけ）

昭和五十三（一九七八）年八月十七日生れ。失踪当時二十三歳。身長一六九センチ。体重六四キロ。血液型A型。左目下に小さいほくろ。近眼。本来は左利きで筆記と箸は右。虫垂炎の手術痕、音楽好きでピアノが弾ける。大阪市の松下電器産業社員。

平成十三（二〇〇一）年十二月二十二日夜間、大阪市内の会社寮から行方不明となる。友人との約束や上司との会話から、年末には徳島県の実家に帰省するつもりでいたと思われる。当日午後二時頃帰寮したのを防犯カメラで確認。午後九時頃にメール発信。午後十時十八分、部屋のドアを施錠した記録がある。部屋には眼鏡が残され、財布、携帯電話くらいしか持って出かけていない。

賀上大助さんの母賀上文代さんのメッセージ

「お正月には帰省する！」と伝えていた息子が二〇〇一年十二月二十二日、淀川にあります社員寮より行方がわからなくなっています。徳島在住の友人には、お正月に遊ぶ約束をしていましたし、大学時代のゼミ仲間との忘年会にも「参加します」と失踪前日にメールで伝えていました。なのに何処へ？　十八年を経過した今でも「一体何があったのだろう？」という所から前へ進めないでいます。

二〇二〇年お正月「おいしい！」と言っておせち料理を食べる息子の幸せそうな顔を思い浮かべながら、今年も食べさせることのできないおせちを用意しました。

現在孫が二人増え賑やかになりましたが、三歳の孫が「おいしい！」と言っておせちを食べる姿に息子を重ねてしまう自分がいます。失踪時二十三歳だった息子も今年で四十二歳、人生の半分の年となっています。残りは自分のために生きてほしいと思っております。

私達家族にはお願いする事しか出来ません。

どうか情報提供をお願いいします。

十二月　奄美沖不審船事案（工作船を海上保安庁巡視船が東シナ海で追跡、銃撃戦の末工作船は自沈）

十二月　朝鮮赤十字会が行方不明者の調査中止を表明

【平成十四（二〇〇二）年】

稲田　裕次郎（いなだ　ゆうじろう）

昭和五十六（一九八一）年四月二十六日生れ。失踪当時二十歳。身長一六二センチ。体重五五キロ。血液型O型。髪の毛多い。水泳が得意。物静か。考え事をするときに耳を触る癖。ある程度パソコンの知識がある。関西弁で話すことがある。熊本市の大学二年生。

平成十四（二〇〇二）年二月二十五日朝九時半頃、熊本市内の自宅にいるのを父親が確認。その夜十一時頃、市内のアルバイト先から自宅に無断欠勤しているとの電話がある。預金通帳は失踪前の十六日から二十五日の間に四回に分けてほとんど全額引き出していることが分かる。また二十一日、自宅に「高校水泳部の友人とたまたま会ったので一緒に食事をして帰る」との電話があり、夜十二時頃帰宅。しかし後に確認したところ元水泳部の友人は誰も会っていないことが判明。三月から八月にかけて、自宅に無言電話が何度もあった。

宮本　直樹（みやもと　なおき）

昭和五十二（一九七七）年十一月九日生れ。失踪当時二十四歳。身長一七八センチ。体重六六〜八キロ。血液型B型。筋肉質でがっしりした体格。靴のサイズ二十七・五センチ。失踪当時軽くパーマをかけていた。鼻の下から唇にかけて手術痕あり。視力は要コンタクトレンズ。アルバイトで主に清掃業務をしていた。

平成十四（二〇〇二）年三月三日午後三時半頃、「今夜は夕飯いらない」と言って東京都荒川区の自宅を出ていった。その夜は友人のところへ行ったのだろうと両親は全く心配しなかったが、五日朝、福岡県新門司港の海上保安庁より電話で「三日十九時十分東京発のフェリー船室に荷物だけ残し本人が見あたらない」との連絡。荷物には運転免許証、財布、眼鏡、コンタクトレンズなど身の周りのもの一切が残されていた。東京湾フェリー乗り場から乗ったと思われるが、降りた形跡なし。同フェリーは朝五時に新門司港（福岡）着。

永島　康浩（ながしま　やすひろ）

昭和五十三（一九七八）年七月二十六日生れ。失踪当時二十四歳。身長一六七センチ。体重六七キロ。顔左側に眉毛から口にかけて六カ所ほくろがある。コンタクトか眼鏡を使用。鼻炎。少し気取った感じの歩き方。イクラを好んでよく食べていた。辛いものも好き。スキー、テニス、バレーボールをしていたらしい。書道三段。趣味は映画鑑賞、写真、絵画。准看護師として小山市の病院に勤務していた。

平成十四（二〇〇二）年四月三十日夜七時頃、栃木県国分寺町（現下野市）の自宅で母に「レンタルビデオを返してくるから夕食は帰ってから食べる」と言った。同日八時頃、隣の部屋にいた父が、電話で「今すぐ行く」と明るい声で言っていたのを聞く。そのまま行方がわからなくなる。五月十五日深夜、自宅に無言電話あり。母が出て「康浩なの？　早く帰っておいで」と話すが、相手から電話を切ってしまった様子。その年の十月四日夕方、「国分寺町役場（当時）の者」と名乗る人物から自宅に電話が入り「康浩さんらしい人が病院に運ばれた」と連絡が入る。本人確認をしてもらおうと姉がその病院の番号に電話をすると、折り返し電話をくれるとのことでいったん切って待機する。しかし三十分たっても連絡ないので、再び電話すると「現在使われておりません」のアナウンスがあった。翌年に期限を迎えた運転免許証も更新されず。

和田　佑介（わだ　ゆうすけ）

昭和五十二（一九七七）年一月三十日生れ。失踪当時二十五歳。血液型O型　身長一七二センチ位　体重八〇キロ　体格は良い　手先が器用　煙草は一日一箱程度。紫色の袋をいつも物入れとして持ち歩いていた。酒はビール程度。会社員。

平成十四（二〇〇二）年二月から広島市のアパートで一人住まいをしていて、学校、勤め先を休んだことはなかった。五月六日、専門学校の同級生の結婚式に出席して実家の島根から広島へ一時間半かけて帰り、母親が電話で本人と通話した。ところが七日午後、職場から実家に「無断欠勤している」と連絡。母親が部屋を調べると、電灯がついてパソコンが広げてあり、湯沸かしポットもそのままで、普通の生活の様子。携帯電話、銀行カード、ガソリンカード、運転免許証、煙草入れなどは持って出た模様。車もなかった。七日から八日にかけて、有料道路の通行料金やガソリンをカードで支払った形跡があるが、九日以降はない。

七月　警察発表　豊見山芳子（沖縄県石垣市の飲食店で飲食後行方不明・当時四十五歳）

九月十七日　小泉純一郎首相訪朝初の日朝首脳会談で金正日日本人拉致を初めて認め謝罪

十月三日寺越武志さん北朝鮮の訪日団一員として一時帰国

十月十五日　五人の拉致被害者が帰国

角田　麻衣（つのだ　まい）

昭和五十七（一九八二）年二月十二日生れ。失踪当時二十歳。身長一五三センチ。体重四四～六キロ。血液型O型。趣味は音楽でピアノを弾く。パソコン。コンタクトレンズ使用。大学三年生

平成十四（二〇〇二）年十一月十三日朝、東京の自宅で兄が起きると本人の姿がなかった。父が単身赴任で長野に赴いていたが、手術のため母が長野へ行っていた。十四日には本人も長野を訪れる予定で切符も手配していたが行方不明となる。山梨県で携帯電話の電波をキャッチしたが連絡はとれなかった。

【平成十五（二〇〇三）年】

一月十日　特定失踪者問題調査会設立

沖田　徳喜（おきた　なるき）

昭和三十五（一九六〇）年四月十四日生れ。失踪当時四十二歳。身長一六七センチ。体重七五キロ。中肉中背。左頬にほくろ。右こめかみに小豆大のイボ。五級海技士（航海と機関）。四級小型船舶士。趣味はゴルフ、

大工仕事、パソコン。喫煙、酒はよく飲む。スポーツはバレー、ソフトボール、ゴルフ。肩で風を切るような歩き方。広島県で海運業を営み、貨物船を所有。乗組員は弟。

平成十五（二〇〇三）年二月一日、大阪府堺市の堺泉北港で荷物を半分揚げ、午後三時半頃大阪鉄鋼埠頭に入港。大阪で行きつけの居酒屋に二軒行き、車で岸壁の近くの水門の前まで送ってもらった。翌々日の三日に残りの荷物を揚げる時間になっても姿を現さず。当初、海に転落したと思い、四日から五日間ダイバーによって海中を探し、海上保安庁、水上警察、親類、知人がボートを出して付近を探したが見つからなかった。

二月二十八日　朝鮮総聯元幹部の工作員逮捕

水嶋　弥寿志（みずしま　やすし）

昭和三十九（一九六四）年四月二十日生れ。失踪当時三十九歳。身長一六九センチ。体重六六キロ。血液型A型。前髪を右手でかきあげる癖がある。大またでゆったりした歩き方。酒は付き合い程度。趣味は読書、映画。スポーツはテニス。特技はコンピューター。東京都内の会社に勤務。

平成十五（二〇〇三）年九月八日失踪。前日七日にさいたま市大宮で現金を引き出して以降、消息不明。失踪前に一週間ほど体調を崩して休みをとっていたが、毎日会社に連絡を入れていた。八日に連絡がないので会社の部長や同僚が埼玉県蕨市の住居に向かい、不明が判明。昼すぎに会社から京都府舞鶴市の家族に連絡が入った。

高見　到（たかみ　いたる）

昭和三十四（一九五九）年十月十一日生れ。失踪当時四十三歳。身長一七〇センチ。体重六〇キロ。血液型B型。視力〇・二程度　コンタクトレンズ、眼鏡着用。酒は飲む。無口で物静かだが仲間の集まりでは明るくふるまっていた。虫歯は一本もなし。趣味はオーディオでオーディオアンプも組み立てる。レアレコード等の収集。旅行。デザイン技師（大阪府商工労働部・産業デザインセンター勤務）。兵庫県尼崎市に居住。

平成十五（二〇〇三）年十月五日午後三時すぎ、最寄り駅である兵庫県尼崎市の阪急塚口駅前の銀行で現金を引き出した。翌六日に大阪市内の職場を無断欠勤した。住居の室内には銀行通帳、キャッシュカード、運転免許証、健康保険証、印鑑など全て置いてあり、持って出たものは普段使っている財布、私用の手帳、通勤定期券と思われる。外出時に必ず使用するコンタクトレンズも残された通勤用かばんの中に入っており、室内で日常使用する眼鏡はなかった。母親の十三回忌を十二月に東京で行うことになっており、必ず上京すると言っていた。平成十四（二〇〇二）年頃から大阪市立大学の教授と研究を行い、平成十五（二〇〇三）年に大阪府の商工労働部の事業で採用された。四月から準備を始め、十月に事業をスタートしたとき失踪。

【平成十六（二〇〇四）年】

十月十二日　布施寿町事件（在日韓国人工作員を逮捕）

【平成十七（二〇〇五）年】

一月四日　警察発表　N．D（インドネシア海域を航行中の船舶内から行方不明。当時二十三歳）

二月四日　警察発表　田辺宗之（福井県敦賀市の職場を出て行方不明・当時二十二歳）

あとがき

特定失踪者問題調査会代表　荒木和博

私が最初に北朝鮮による拉致のことを知ったのは昭和五十五（一九八〇）年一月のことでした。産経新聞が一面トップでアベックの失踪を報じ、直接国名は書かれていなかったものの北朝鮮工作機関による拉致であることは明らかな記事でした。

当時二十代半ばだった私はこの記事を今も覚えています。しかし、何もしようとしませんでした。もちろんやろうとしたところで小政党の末端の専従者である自分には何もできなかったでしょう。しかし当時でも朝鮮半島への関心は持っており、知っていたのですから、本来はたとえ「蟷螂《とうろう》の斧」であっても何らかのアクションを起こすべきだったと思います。私は今もその後悔をひきずっています。

「運命は従うものは連れて行き、逆らうものはひきずっていく」という言葉がありますが、そんな私が結局拉致問題に関わるようになり四半世紀近くが過ぎてしまいました。関われば関わったで何もできない自分の無力さを感じるばかりです。

本書に名前の挙がった方々の失踪はご本人はもちろん、ご家族にとっても大変な精神的・肉体的・社会的負担をともない、もちろん数行で書けるようなものではありません。よく「人の身になって」とか「寄り添って」と言いますが、こと拉致問題に関する限りご家族の身になってとか寄り添ってなどということは怖くてできないというのが正直なところです。自分の心の中にはどこかにバリアがあり、第三者であろうとしているように思います。

特定失踪者の家族会を作ろうという声は前々からありました。ご家族や支援者、様々な方が努力してきたのですが、なかなかまとまるのは難しく成功には至りませんでした。特定失踪者家族の場合数が非常に多い上に失踪状況や家族の置かれた状況が様々であり、一つの組織を作ることは極めて難しかったのです。全体を見渡せる私たちの立場からしても一旦作ってしまえば結局調査会がそのフォローをしなければならないとしか思えず、積極的にはなれませんでした。

そんな状況が変化したのは三年前、平成二十九（二〇一七）年の春、大澤孝司さんの兄・大澤昭一さんから新潟で「動かない状況をなんとかしたい」と相談されたことがきっかけでした。ちょうど国際刑事裁判所（ＩＣＣ）への申立ができるかもしれないという話があったので、それを目的として組織を立ち上げようということになり、五月に大澤さんを会長として特定失踪者家族会が設立されました。

その後の活動は目覚ましいものがあり、私たちの心配は杞憂に終わりました。今はかえって特定失踪者家族会に調査会が支えられています。また、会ができたことで政府も特定失踪者を放置することができなくなりました。

しかし、全ての目標は拉致被害者の解放にあります。そのためには北朝鮮の体制が民主化・

自由化されなければならず、私たちは日本国内、そして韓国など世界の志を同じくする団体と手を携えてその実現のために努力して参ります。

拉致問題に「解決」はありません。失われた時間を取り返すことはできず、もし彼の地で命を落とした人がいればその命は返ってきません。そして拉致問題の闇が明らかになればなるほど私たちは「見なければよかった」と思うようなことを見せつけられると思います。それでも次の世代のために、拉致問題を私たちの時代から持ち越したくないというのが正直な思いです。

本書に書かれた一人ひとり、そしてその家族に計り知れない苦悩があり、それが日本の中で放置されてきたという現実を感じていただければ幸いです。

令和二年二月

人名索引

※調査会リストのみ。警察発表の方は入っていません。

〈ワ行〉

特定失踪者家族会（正式名称　北朝鮮による拉致の可能性を排除できない失踪者有志の会）

平成29（2017）年5月12日設立。初代会長大澤昭一（大澤孝司兄）。当初の目標は国際刑事裁判所（ICC）への申立を行うことだったが、その後政府への要請、特定失踪者問題・拉致問題の広報啓発活動、家族間の交流など活動の幅が広がっている。令和2（2020）年1月末時点で68家族（1家族で複数失踪しているケースがあるので失踪者の数にすれば74人）が加入している。現在の三役は会長今井英輝（今井裕兄）、副会長藤田隆司（藤田進-川口-弟）、同植村照光（植村留美父）、同吉見美保（秋田美輪姉）、事務局長竹下珠路（古川了子姉）。

特定失踪者問題調査会

平成15（2003）年1月10日、政府が認定していないが北朝鮮による拉致の可能性のある失踪者を調査し、拉致被害者を救出することを目的として設立された。現在日本国内外での現地調査・特別検証を初めとする情報収集を行う一方国内外への情報発信を行っている。特に平成17（2005）年からは北朝鮮向け短波放送「しおかぜ」を送信し、北朝鮮に家族のメッセージやニュース、様々な情報を送り続けている。

特定失踪者家族会・特定失踪者問題調査会へのご連絡・お問い合わせ・情報提供は調査会事務所にお願いします。
〒112-0004　東京都文京区後楽2-3-8第6松屋ビル301
Tel 03-5684-5058 Fax 03-5684-5059 Email comjansite2003@chosa-kai.jp

「ただいま」も言えない　「おかえり」も言えない

令和２（2020）年３月１日　第１刷発行

編　　者　特定失踪者家族会
編集協力　特定失踪者問題調査会
発 行 者　斎藤　信二
発 行 所　株式会社　高木書房
〒116－0013
東京都荒川区西日暮里5－14－4－901
電　話　03－5615－2062
FAX　03－5615－2064
メール　syoboutakagi@dolphin.ocn.ne.jp

印刷・製本　株式会社ワコープラネット

 ISBN978-4-88471-461-1 C0031

調査会認定 北朝鮮による拉致疑惑特定失踪者
全員救出せよ!
拉致濃厚な特定失踪者
拉致疑惑の特定失踪者
政府認定拉致被害者
警察認定拉致被害者
「救う会」認定拉致被害者
は、人権救済申立により、日本弁護士連合会が事実上の拉致認定者
拉致被害者・特定失踪者を、拉致・失踪年月日順に掲載しています。
この他、調査会リストには約200人の非公開者が、また警察庁には約880名の拉致疑惑が存在する
情報をお寄せ下さい
●上の写真の方々に関する情報をお持ちの方
●それ以外の不審な失踪をした方についての情報をお持ちの方
●拉致されそうになった経験のある方
●日本海側、太平洋側を問わず海岸や海上で不審な人物、船を目撃した方
●その他内陸地域もふくめ北朝鮮に関係すると思われる情報をお持ちの方をお寄せ下さい
JSR
北朝鮮への情報戦
・バルーンプロジェクト
・FAX送信作戦
・FM放送・動画配信
Youtube ほか
とどけ、海を越えて!
北朝鮮向けラジオ放送 しおかぜ
1日2時間半、毎日放送中!
拉致被害者・特定失踪者のご家族の多くが短波放送「しおかぜ」を通じて北朝鮮へ呼びかけを行っています。それに対して北朝鮮当局は卑劣な妨害電波を発信しています。「JSRしおかぜ」では再会を待つご家族の声を放送している他、ポスターの写真の方々の名前の読み上げや北朝鮮関連のニュースなどを、日本語、朝鮮語、中国語、英語により毎日放送しており、この放送は多くの皆様からのカンパにより、制作、運営されています。救出のメッセージを送り続けるため、皆様のご支援、ご協力心よりお願い申し上げます。詳しくは「調査会ホームページ」で
日本全国スマホで聴ける拉致問題
「たつ兄・ゆみ姐のオレがやらなきゃ誰がやる!」
毎週、特定失踪者・拉致被害者家族の呼びかけ放送中!
スマホアプリ「リスラジ」で聴けます!
北海道 FM Dramacity 77.6 毎週木曜 21:00~
秋田県 秋田コミュニティー放送 76.5 毎週金曜 18:00~
福井県 敦賀 FM HARBOR STATION 77.9 毎週金曜 21:00~
島根県 エフエム いずも 80.1 毎週土曜 21:00~
カンパ募集中!
北朝鮮に囚われた拉致被害者救出のため、皆様からのご支援、心よりお願い申し上げます。
◎郵便振替 00160-9-583587 特定失踪者問題調査会
◎銀行振込 みずほ銀行飯田橋支店 普通 2520933 特定失踪者問題調査会
※ブルーリボンバッジ他、しおかぜグッズも好評発売中!
特定失踪者問題調査会
〒112-0004 東京都文京区後楽2-3-8
第6松屋ビル 301 号
TEL.03(5684)5058 FAX.03(5684)5059
http://www.chosa-kai.jp
comjansite2003@chosa-kai.jp